홍기빈

서울대학교 경제학과를 졸업하고, 동 대학원 국제정치경제학 석사과정을
마쳤으며 캐나다 요크대학 대학원 정치학과에서 박사과정을 수료했다. 금
융경제연구소 연구 위원을 거쳐 현재 칼폴라니사회경제연구소(KPIA) 연
구위원장과 글로벌  로《살림/살이
경제학을 위하여》, 피아》,《소유는
춤춘다》 등이 있다

김누리

중앙대 독어독문학과와 동 대학원 독일유럽학과 교수. 독일 유럽연구센
터 소장, 한국 독어독문학회 회장을 맡고 있다. 서울대, 독일 브레멘대학
에서 독문학을 공부했고, 독일 현대 소설 연구로 박사학위를 받았다. 중
앙대 독일유럽연구센터의 소장을 맡아 학술 및 교육, 문화 교류 활동을
활발히 펼치고 있다. 저서로《우리의 불행은 당연하지 않습니다》,《알레
고리와 역사: 귄터 그라스의 문학과 사상》, '통일 독일을 말한다' 3부작
등이 있다.

김경일

아주대학교 심리학과 교수. 아주대학교 창의력 연구센터장을 지냈고, 게
임문화재단 이사장을 맡고 있다. 고려대학교 심리학과와 동 대학원을 졸
업한 후 미국 텍사스주립대학교 심리학과에서 박사 학위를 받았다. 저서
로《지혜의 심리학》,《이끌지 말고 따르게 하라》,《어쩌면 우리가 거꾸로
해왔던 것들》,《십 대를 위한 공부사전》 등이 있으며 역서로《초전 설득》,
《혁신의 도구》 등이 있다.

코로나 사피엔스

CORONA SAPIENS

코로나 사피엔스

문명의 대전환,
대한민국 대표 석학 6인이 신인류의 미래를 말한다

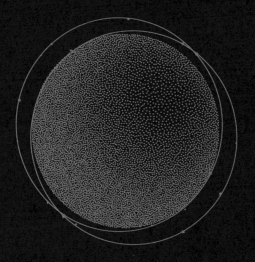

최재천, 장하준, 최재붕, 홍기빈, 김누리, 김경일, 그리고 정관용 지음
CBS 〈시사자키 정관용입니다〉 제작진 기획

INFLUENTIAL
인 플 루 엔 셜

다른 사람들과 마찬가지로 역사가에게도
때때로 발생하는 재앙에 가까운 전염병 창궐은
일상을 급작스럽게, 예측불허로 침범하는 것이었으며
본질적으로 역사적인 설명이 가능한 범주의 바깥에 있다.

_윌리엄 맥닐,
시카고대학 역사학과 교수이자《전염병의 세계사》저자

예전과 완전히 다른 삶을 살아갈 우리, 코로나 사피엔스를 위하여

"예기치 않게 찾아온 불청객 탓에 인류가 신음한다."

코로나19 사태에 맞닥뜨린 우리의 1차적 반응이다. 벗어나고 싶다. 평온했던 과거로 돌아가고 싶다. 이것이 모두의 바람이다. 그러나 세상은 변했고, 우리는 달라져야만 한다. 냉엄한 현실이다. 싫어도 어쩔 수가 없다.

변화는 어렵다. 익숙한 관행의 달콤함을 버려야 하는 고통이 뒤따른다. 피할 수 없는 고통 앞에선 모두 두려워하고, 두렵기에 의지처를 찾는다. 현자들의 지혜에 기대고 싶어 한다. 그러기에 최재천, 장하준, 최재붕, 홍기빈, 김누리, 김경일, 여섯 석학에게 귀한 말씀을 청했다.

━━━━━ "역사상 전례 없는 인류의 자연 침범. 그리고 바이러스에게 역대 최고의 전성기를 제공하는 공장식 축산과 인구 밀집, 지구 온난화. 이 모든 것은 인간이 만들어냈다. 이를 반성하고 고치는 것이 생태백신이다. 그리고 코로나19 사태 앞에서 지금까지 삶의 자세를 성찰하고 자연과 공존하며, 기후 변화를 줄이기 위해 노력하는 것이 행동백신이다. 생태백신과 행동백신 없이는 어떤 방역체계와 화학백신도 바이러스 팬데믹의 재발을 근본적으로 막을 수 없다."

_최재천

━━━━━ "현 사태는 주객이 전도된 경제체제의 모순을 폭로하고 있다. 무한 이윤 추구와 성장이라는 수단이 모든 국민을 잘살게 하자는 목표, 즉 공공·복지·생명을 앞질러서는 안 된다는 것. 그리고 우리가 가야 할 길이 시민권에 기반한 보편적 복지국가라는 것. 이 두 가지이다. 선진 자본주의 국가로 분류되면서도 국민의료보험이 없는 비효율적 의료복지 시스템의 미국, 보수 정권과 극우파 등장에 따른 복지 축소와 재정 긴축으로 의료서비스가 부실화된 유럽 국가들의 코로나19 재앙이 그러한 모순을 여실히 보여준다."

_장하준

━━━━━━━ "생존율 높은 길을 선택하는 인간의 DNA는 코로나19 사태로 결국 언택트 문화를 본격화할 것이다. 그것이 바로 4차 산업혁명이 가속 페달을 밟게 되는 이유다. 결과는 '포노 사피엔스' 문명으로의 전환이다. 온라인을 통한 초연결 사회에서 포노 사피엔스는 영역과 경계 없이 만난다. 팬데믹 쇼크에서도 살아남고, 그 안에서 더 넓은 관계를 형성하는 포노 사피엔스가 몰려올 것이다."

_최재붕

━━━━━━━ "현 세계를 떠받치던 체제, 즉 산업의 지구화, 생활의 도시화, 가치의 금융화, 환경의 시장화라는 네 개의 기둥이 무너져내리고 있다. 이제 어떤 변화를 선택할 것인가. 새로운 길은 선명하다. 시장근본주의의 극복, 포용적이고 효율적인 민주주의 구축, 약자에 대한 사회적 방역, 욕망에 대한 질서 부여, 인간 서식지 무한 확대의 방지, 도시적 공간집약화 해소가 그 이정표다. 그 길 위에서 포스트 코로나 문명을 만들어내야 한다. 인류가 붕괴하지 않으려면."

_홍기빈

━━━━━ "코로나19가 생각의 틀을 바꾼다. 세계적으로는 미국 헤게모니의 쇠퇴, 국내적으로는 미국화 신화의 종언을 의미한다. 코로나19에 대한 한국의 민주주의 대응 모델은 중국형 권위주의 대응과 일본형 관료주의 대응, 구미형 자유방임 대응을 넘어서는 평가를 받고 있다. 지난 한 세대에 걸쳐 위기 대응의 공공 인프라를 초토화해온 신자유주의는 더 이상 당연시되지 않을 것이며, 그동안 우리를 지배해온 생각들은 뒤바뀔 것이다. 남은 건, 그 생각의 방향을 어디로 향하게 하는가다. 문제는 생각이다. 패러다임의 전환 없이 22세기는 오지 않는다."

_김누리

━━━━━ "원트want에서 라이크like로 행복의 척도가 바뀐다. 코로나19 사태를 낳은 지금의 문명은 사회가 주입한 경쟁, 비교의 원트를 기반으로 한다. 원트에는 만족감이 없고 무한한 욕망만이 있을 뿐이다. 이런 원트를 정당화하고 제도화한 문명은 원트를 더 갖기 위해 찌르고 파괴했다. 인류는 사회가 심은 원트가 아닌 내가 정말 좋아하는 라이크로, 새로운 행복의 척도를 향해 나아갈 것이다. 라이크는 만족감을 낳는다. 내가 진짜 좋아하는 것에 에너지를 쏟고, 더 적은 것으로 함께 공존하며 행복하게 살 수 있는 길을 만든다."

_김경일

새삼 깨닫는다. 지식과 정보는 나날이 새롭지만 지혜는 변함이 없다. 몰라서 못 한 것이 아니라 아는데 안 한 것이다. 예기치 않게 찾아온 불청객 탓에 인류가 신음한다? 아니다. 이런 사태가 오리란 걸 우리는 알고 있었다. 알면서도 막지 않았다. 오히려 재촉했고, 그래서 더 아프다.

이제 어떻게 살아야 하는지도 우리는 이미 알고 있다. 그런데 지금도 그렇게 살지 않는다. 왜일까? 어리석은 자들이 세상을 지배하고 있기 때문이다. 자연과 인간이, 인간과 인간이 서로 도우며 공존하는 것을 싫어하는 자들. 혼자서만, 자기들끼리만 더 많은 것을 탐하는 자들. 지구의 아픔, 타인의 고통 위에 권력과 부의 철옹성을 쌓은 자들. 한 줌도 안 되는 어리석은 자들이 세상을 지배하고 있기 때문이다.

우리가 나서야 한다. 한 사람 한 사람 제대로 살겠다고 다짐하자. 다짐한 사람끼리 손잡자. 어깨 걸고 뚜벅뚜벅 걸어가자. 평화, 민주, 복지, 생태, 공감의 절대 가치를 내걸고 인류적 실천에 나서자. 어리석은 이들이 더 이상 모두를 괴롭히지 못하도록 맞서 싸우자. 우리는 코로나 사피엔스다.

정관용

차례

포스트 코로나 [1]

생태와 인간

최재천

"바이러스 3~5년마다 창궐한다"

인류는 어떻게 살아남아야 하는가

최재천

이화여자대학교 에코과학부 석좌교수. 평생 자연을 관찰해온 생태학자이자 동물행동학자이다. 서울대학교에서 동물학을 전공하고 미국 펜실베이니아주립대학교에서 생태학 석사 학위를, 하버드대학교에서 생물학 박사 학위를 받았다.

중남미 열대를 10여 년간 누비며 동물들의 생태를 탐구한 뒤, 한국으로 돌아와 자연과학과 인문학의 경계를 넘나들며 생명에 대한 지식과 사랑을 널리 나누고 있다. 2013년 저명한 침팬지 연구자이자 동물학자인 제인 구달과 함께 비영리 공익재단인 생명다양성재단을 설립해 동물과 환경 연구를 지원하고 있다.

서울대학교 생명과학부 교수, 환경운동연합 공동대표, 한국생태학회장, 국립생태원 초대 원장 등을 지냈으며, 저서로 《개미제국의 발견》,《생명이 있는 것은 다 아름답다》,《다윈 지능》,《통섭의 식탁》,《최재천의 인간과 동물》,《과학자의 서재》등이 있다. 2019년 총괄편집장으로서 세계 동물행동학자 500여 명을 이끌고《동물행동학 백과사전》을 편찬했다.

5년, 3년, 어쩌면 1년.

바이러스의 창궐 주기가 점점 짧아지고 있다. 무엇이 문제인가. 어떻게 해야 하는가. 문제는 생태계 파괴. 결국은 인간의 탐욕과 무절제함이 부른 참사다. 전문가들 대부분은 화학백신만이 답이라고 말하지만 앞으로 매년 바이러스가 우리를 공격한다고 가정할 때 백신이 개발되는 것은 이미 바이러스가 유행한 후 많은 이들이 죽고, 경제와 사회가 무너진 후일 것이다.

최재천 교수는 생태백신, 행동백신이 궁극적인 답이라 말한다. 지금부터라도 자연과 절제된 접촉을 하고, 생태를 경제활동의 중심에 두는 생태중심적 기업이 대거 등장해야 한다는 것. 코로나19 위기로 문명의 근간이 흔들리는 재앙 앞에서도 제대로 된 교훈을 얻지 못한다면 인류는 '현명한 인간'이란 뜻의 '호모 사피엔스' 학명을 박탈해야 할지도 모른다.

3년마다 찾아온 바이러스, 어떻게 다른가

'코로나19'라는 미증유의 사태는 단순한 전염병 유행을 넘어서 우리에게 근본적인 성찰을 요구하고 있습니다. 앞으로의 삶에 질적 변화도 요구하고 있다고 할 수 있는데요. 한국을 대표하는 생태학자 최재천 교수와 함께 미래를 가늠하고 새로운 시대와 우리의 삶을 통찰해보는 자리 마련했습니다.

교수님, 사스, 신종플루, 메르스, 코로나19… 우리를 위협하는 바이러스 주기가 점점 짧아지고 있죠?

그렇습니다. 자료를 보면 계속 짧아지고 있는 게 분명합니다.

코로나19 위기를 맞으면서 많은 사람들이 궁금해하는 질문 먼저 드리겠습니다. 사스, 신종플루, 메르스, 코로나19, 이 네 가지는 어떤 차이점이 있나요?

간단하게 정리하면요. 네 가지 모두 21세기에 발생한 바이러스입니다. 사스는 중국 광둥성에서 발생한 호흡기 질환인데요. 원인은 사스-코로나바이러스이며 기침, 호흡 곤란, 설사 등이 증상으로 나타납니다.

신종플루는 돼지에서 유래한 A형 인플루엔자 바이러스가 변이를 일으켜 생긴 바이러스입니다. 2009년 4월에 미국에서 발생한 호흡기 질환인데 전 세계로 확산되었고 WHO가 이번 코로나19 때처럼 팬데믹을 선언했습니다. 팬데믹은 감염병 단계 중 최고인 6단계에 해당하는 조치인데요. 사람들이 면역력을 갖고 있지 않은 바이러스가 전 세계로 확산되어 대유행하는 상태를 의미합니다. 같은 해 백신이 나오면서 신종플루는 안정세를 찾았죠.

메르스는 많은 분들이 기억하시는 대로 2012년에 사우디아라비아에서 처음 발견되었는데 주로 중동지역에서 집중적으로 환자가 발생했습니다. 우리나라에서는 3년 후인 2015년에 발견되었죠. 메르스-코로나바이러스 감염에 의한 바이러스 질환으로 비말감염이 주요 감염 경로인 것으로 밝혀졌습니다.

이번 코로나19는 2019년 12월 중국 후베이성 우한시에서 원인 불명의 폐렴이 발생하면서 확산되기 시작했습니다. 아직까지 정확한 원인은 규명되지 않았습니다만, 사스-코로나바이러스-2를 병원체로 하고 비말이나 밀접 접촉에 의해 감염되는 것으로 알려져 있어요. WHO에서는 홍콩독감과 신종플루에 이어 사상 세 번째로 팬데믹을 선언했습니다.

그럼 교수님, 세균과 바이러스의 차이는 뭘까요? 그리고 이러한 신종 바이러스의 유행 주기가 왜 이렇게 점점 단축되고 있는지도 궁금합니다.

중요한 포인트만 말씀드리면요. 세균은 독자적인 증식이 가능한 생물입니다. 그에 비해 바이러스는 스스로 증식을 못 하기 때문에 남의 유전체에 올라타, 그러니까 숙주가 증식할 때 슬쩍 따라서 증식하기 때문에 엄밀한 의미로는 생명체가 아닙니다.

그럼 바이러스는 기생 생명체로 봐야 하는 건가요?

그렇죠. 아주 기발한 방법으로 손 하나 대지 않고 증식을 하는데요. 이번 코로나바이러스의 가장 큰 특징은 무척 약았다는 겁니다.

어떤 의미에서 그렇게 약았죠?

처음에는 증상조차 느끼지 못할 정도로 아주 얌전하게 삭 들어옵니다.

그렇게 시작해서 또 남한테 전파를 시킨다면서요?

그렇습니다. 자신이 걸렸는지도 모르는 상태로 계속 남에게 퍼뜨리는 거죠. 그러고 난 다음에 본색을 드러내면서 굉장히 빠른 속도로 폐뿐만 아니라 다른 여러 장기로 진입합니다.

접촉을 통해 전파되는데 바이러스가 침입해서 금방 위중해지면 그 사람은 퍼뜨리고 싶어도 못 퍼뜨리니까요. 그래서 코로나바이러스가 약았다고 하는 거군요.

최재천

맞습니다.

위중해지지 않고 널리 퍼뜨릴 수 있는 상태를 유지하면서 자기를 증식시킨다, 그런 거네요.

바이러스에 뇌가 있어서, 그야말로 영화 〈기생충〉에서 송강호 씨가 "너는 다 계획이 있구나."라고 얘기하는 것처럼 계획한 건 아니겠지만요. 그동안 우리를 공격했던 다른 바이러스와 비교해봐도 코로나바이러스는 전파력이 강력합니다. 의인화해서 표현한다면 아주 영리한 놈입니다.

신종플루 같은 경우, 어찌 보면 독감의 일종 정도로 변화한 게 치사율, 치명률이 낮기 때문이잖아요. 그런데 코로나바이러스는 치사율과 치명률이 꽤 높은 것으로 나타납니다. 즉, 자기 정체를 숨기고 무증상으로 감염도 시키고 후에 본색을 드러내면서는 사람을 아주 극심히 괴롭힌다는 거네요?

그렇습니다.

코로나바이러스, 원인은 결국 인간

그럼 바이러스의 주기가 짧아지는 이유는 뭘까요?

아마도 앞으로 점점 더 짧아질 수밖에 없다는 말씀을 드려야 할 것 같습니다. 우리가 전례 없이 야생동물들을 건드려대기 때문입니다. 박쥐가 우리한테 일부러 바이러스를 배달했을까요? 아닙니다. 우리가 박쥐를 잘못 건드린 거예요. 우리나라는 처마를 없애서 이제 박쥐가 숲에만 있지만 일본만 가도 저녁에 웬만한 소도시 강둑에서 볼 수 있습니다. 베트남 야외식당에서도 흔히 볼 수 있어요.

하지만 그렇게 날아다닌다고 해서 박쥐가 인간에게 바이러스를 뿌릴 확률은 극히 낮아요. 예전에는 도시에 사는 사람들이 박쥐 동굴에 가볼 기회가 드물었죠. 박쥐가 어디 사는지도 모르고요. 그런데 자꾸 숲으로 길을 내고 목재를 실어오는 와중에 사람들이 동물의 서식지에 들어가서 들쑤시게된 거죠. 그러면서 야생동물 몸에 있던 바이러스가 사람에게 묻는 겁니다. 박쥐가 훨씬 자주 만나는 어떤 동물에게 옮겼고, 그 동물이 인간을 자주 만나는 바람에 제2, 제3의 숙주를 통해 바이러스가 건너온 거죠.

최재천

이번 코로나19의 경우 천산갑이 중간 숙주가 맞다면, 중국 인들이 천산갑 비늘을 한약재로 먹으니까 가공하는 과정에서 옮았을 가능성이 큽니다. 박쥐를 직접 접촉하는 경우도 분명히 있을 거예요. 작은 박쥐가 아니라 열대지방의 큰 박쥐는 사람들이 제법 많이 먹죠. 바이러스는 우리와 같이 살아갑니다. 대부분의 바이러스는 우리한테 별 피해를 주지 않습니다만, 가끔 궁합이 딱 맞는 녀석이 나타나면 이런 일이 벌어지는 거죠.

케냐의 수도 나이로비에 가면 야생동물을 요리하는 레스토랑이 있는데 코뿔소, 고릴라 등 다양한 동물들이 메뉴로 나와 있어요.

코뿔소도 먹는다고요?

코뿔소, 원숭이, 박쥐 등등 다양합니다. "이번에는 이거 한번 먹어보자." 하면서 유럽인들이 방문한다고 합니다. 여기에 고기를 대려니까 인간들이 계속해서 야생동물 서식지에 들어가게 되는 거죠. 런던이나 파리 시내 한복판에도 이런 레스토랑들이 생겼습니다.

정말요?

네. 그러니 아프리카에서는 동물을 잡아서 그쪽으로 계속 공급을 하는 거죠.

말씀하신 동물들은 모두 멸종위기종 아닌가요? 보호 대상일 텐데 그걸 먹는 게 법적으로 허용이 되나요?

그러게 말입니다. 별짓을 다 하고 있죠. 그 고객들을 먹이기 위해 정글에 들어가서 야생동물을 잡아오고, 그 과정에서 동물들에 붙어살던 기생생물들이 인간에게 들러붙는 겁니다.

결국 인간이 자꾸 자연에 침범해 들어가 생태계를 파괴하니, 자연 속 동물들 세계에 있던 바이러스가 인간에게 옮겨와 이런 일이 벌어졌다, 이건가요?

그렇죠. 얼마 전에 재미있는 논문이 하나 나왔습니다. 많은 동물들이 왜 야행성으로 변했는지 추적한 논문인데요. 여기에 따르면 동물들이 원래 밤에 돌아다니기를 좋아하는 게 아니었다고 합니다. 인간이 낮에 돌아다니니까 인간을 피해 할수 없이 밤에 돌아다닌다는 거죠. 지금 전 세계적으로 사람

최재천

들이 안 다니니까 야생동물들이 도시로 와서 활보하는 일이 보도되지 않습니까.

네, 퓨마가 도심에 나타나고요.

이런 일이 정확하게 우리 인간이 그동안 무슨 짓을 했는지 보여주는 거죠.

한마디로 사람, 인간이라는 게 얼마나 동물들의 행동 반경을 제약해왔는가, 그거군요. 그러다 보니 동물들 틈 속에 있어야 할 바이러스가 인간에게 왔고요. 그런데 이런 전염병 유행 간격이 앞으로 더 좁아질 거다, 1년 후에 또 뭐가 올지 모른다, 이런 말이 있는데요.

앞으로 5년으로 줄고, 3년으로 줄고… 한참 있으면 거의 연례행사처럼 벌어지지 않을까요?

게다가 전파력은 더 강하면서 치명률은 30퍼센트, 40퍼센트까지 올라가는 일도 벌어질 수 있겠네요?

그건 그렇게 쉽지 않습니다. 왜냐하면 전파력과 독성은 함

께 가기 어려워요. 질병의 독성과 전염성은 대체로 역의 상관
관계를 보입니다. 독성이 너무 강해 자기가 감염시킨 숙주를
돌아다니지도 못하게 하는 병원체는 증식과 전파에 한계가
있습니다.

예를 들어 모기가 옮기는 말라리아 병원체는 숙주의 이동
성을 걱정할 필요가 없습니다. 버젓이 피를 빠는 모기를 때려
잡을 기력조차 없도록 만들어야 더욱 안전하고 쉽게 다음 숙
주로 옮아갈 수 있죠. 말라리아는 간접 감염에 의해 전파되지
만, 감기나 독감처럼 직접 감염으로 전파되는 경우에는 독성
이 강하면 전염이 잘 안 됩니다. 걸린 사람이 다니면서 퍼뜨
리지를 못하니까요. 그런데 이번에 코로나바이러스가 독특한
게 전파력도 강하면서 후반전에 가면 독한 속내를 확 드러냅
니다. 그러니까 아주 힘들어요.

결국은 생태계 파괴, 인간의 자연 침범이 모든 것의 근본
원인이라 할 수 있겠군요. 기후 변화도 영향이 클까요?

당연히 그렇습니다.

어떻게요?

최재천

포유동물의 종수만 비교하면 열대와 온대에 차이가 없습니다. 열대에도 온대에도 비슷한 수의 포유동물종이 사는데요. 차이는 박쥐입니다. 열대에 가면 박쥐 종류가 엄청나게 많은데요. 계산을 해보면 열대의 종 다양성이 훨씬 높습니다.

하지만 기후 변화 때문에 그 박쥐들이 지금 계속 온대 지방으로 슬금슬금 옮겨 오고 있어요. 사람들이 이걸 또 건드려대니까 앞으로 이런 일이 점점 잦아질 겁니다. 지구온난화로 인해 온대지방에 전염성 질병의 발생 빈도가 높아지고 있어요. 바이러스와 세균을 옮기는 매개동물들의 분포 범위가 넓어지고 있죠.

예를 들어 뎅기열을 유발하는 바이러스를 옮기는 모기가 대만까지 북상했습니다. 우리나라로 건너오는 건 이제 시간문제입니다. 시베리아 같은 극지방에서 동토가 녹으면서 예전에 탄저병으로 죽은 순록 사체가 드러나며 다시금 탄저균이 기승을 부리기 시작했어요. 이런 일들이 세계 곳곳에서 벌어지고 있습니다.

진정한 대안은 생태백신과 행동백신

단도직입적으로 질문을 드리겠습니다. 코로나19, 완전히 근절할 수 있을까요? 아니면 그냥 같이 살아야 합니까, 앞으로?

애당초 근절이라는 것 자체가 잘못된 생각입니다.

그렇습니까?

우리가 농사를 지으면서 해충 구제할 때 이미 쓰던 용어들이 있어요. 박멸, 퇴치 등등. 지난 겨울 아프리카돼지열병이 발생했을 때 멧돼지를 쫓으면서도 퇴치나 박멸이라는 똑같은 용어를 썼죠. 이게 다 군사용어거든요. 하지만 경찰이 하는 일과 군대가 하는 일은 달라요. 군대는 쳐들어가서 박멸하는 게 목표고 경찰은 질서를 유지하는 게 목표잖아요. 사실 우리가 바이러스 같은 병원균들을 대할 때는 경찰 행동을 해야 하는 겁니다.

질서를 잡아야 하는군요.

그렇습니다. 군사행동을 하는 게 아니라요. 완전히 한 명도

최재천

확진자가 없고 아무도 아프지 않은 상태를 목표로 삼으면 굉장히 오래갈 수밖에 없습니다. 그러나 감기나 독감의 경우처럼 질서를 잡는 수준으로 목표를 잡으면 훨씬 합리적으로 이 문제를 해결해갈 수 있죠.

그런데 그렇게 감기나 독감 수준까지 만들기 위해서는, 결국 약이 나와야 하지 않나요?

약이 나오면 좋죠.

약이 나오지 않았는데 그렇게 만들 수 있나요?

지금 대부분의 전문가들이 백신밖에 답이 없다고 얘기하는데, 저는 생각이 다릅니다. 백신을 만들려면 적어도 1년은 걸린다면서요. 아마 실질적으로 2~3년 정도 걸리겠죠. 그런데 만일 앞으로 바이러스가 거의 매년 우리를 공격한다면, 백신은 늘 뒷북을 칠 수밖에 없는 거잖아요. 1년 동안 몇만 명 죽고 난 뒤에야 백신이 개발되고 유통되는 셈이죠. 백신은 독성을 약화시켰거나 죽인 세균이나 바이러스 같은 병원체로 만들거나 병원체를 둘러싸고 있는 표면 단백질 혹은 독소를 추출해 만들잖아요? 이런 화학백신보다 더 좋은 백신이 있습니다.

  그게 뭔가요?

  행동백신과 생태백신입니다. '사회적 거리두기'가 바로 행동
백신의 일종입니다. 옮겨가지 못하게만 하면 바이러스는 아무
힘이 없거든요. 그리고 숲속에서 우리에게 건너오지 못하게
하는 게 생태백신입니다. 우리가 행동만 확실하게 하면 옮아
가지 않습니다. 그게 훨씬 더 좋은 방법이죠.

  바이러스가 번번이 나타날 때마다 백신 개발한다고 1년이
나 3년을 허덕이다가 대충 넘어가게 되거든요. 바이러스의 창
궐 시기가 점점 짧아져 3~5년마다 한 번씩 인류를 덮친다면
우리는 늘 뒷북을 칠 수밖에 없습니다. 백신의 안전성과 효과
를 검증하려면 바이러스가 계속 유행하고 있어야 하는데, 수
십만 명이 죽어나가고 세계경제가 나락으로 떨어질 무렵이면
바이러스는 저절로 한풀 꺾이기 마련입니다. 사스와 메르스
백신이 개발되지 않은 것도 바로 이 때문이라고 할 수 있고요.

  그러다가 또 새로운 바이러스가 등장하죠. 그럼 또 백신이
필요하게 되겠네요?

그렇죠. 그러니 우리가 만능 백신을 개발하는 것이 아닌 이상, 저는 화학백신은 정답이 될 수 없다고 생각합니다.

정말 중요한 말씀입니다. 화학백신보다 생태백신과 행동백신이 중요하단 말씀이고요.

다음 질문도 드려보겠습니다. 생태백신은 근본적으로 삶의 자세를 성찰하고 자연과 공존하고, 기후 변화를 줄이기 위해서 노력하는 등, 그동안 우리가 경각심을 갖자고 얘기했던 것들의 연장선이라 모두가 '아, 이번 기회에 나도 동참해야겠다' 할 것 같습니다. 그런데 행동백신, 사회적 거리두기를 하다 보니 지금 전 세계 경제가 마비되고 인간의 삶이 피폐해지고 있거든요. 앞으로 계속 그렇게 사회적 거리두기를 일상화해야 하는 겁니까? 이게 신인류의 삶이 되어야 할까요?

제가 제안을 하나 해도 될까요? 사회적 거리두기가 한동안 얘기가 되니까 WHO에 계신 어떤 분이 '물리적 거리'로 고쳐 쓰자고 하더라고요. 물리적 거리라고 하면 완벽하게 2미터를 떼야 하는 거거든요. 사회적 거리는 제가 제 아내나 아들과 반드시 2미터 거리를 둘 필요는 없잖아요. 충분히 사회 구조를 보면서 가까이 있을 사람은 가까이 있고 멀리 떨어져도

되는 사람과는 거리를 두는 게 사회적 거리예요. 사회적 거리를 어느 정도 유지하면서도 경제를 활성화할 수 있는 방법은 얼마든지 있다는 거죠. 적절한 방역과 일상적 생활을 병행할 수 있다는 뜻입니다.

있을까요? 찾기가 어려운 것 같은데요.

이렇게 한 번 생각해보세요. 코로나19의 잠복기가 대충 2주 정도라고 우리가 알아냈어요. 제가 일찌감치 제안한 게 있습니다. 그냥 2주 동안 아예 나오지 말자, 이건데요. 딱 2주만 모든 걸 멈추고 나라를 한 번 멈춰보자. 그러면 2주 동안 전염은 일단 확실하게 차단되는 거잖아요. 그러면 병에 걸린 분만 치료하면 되는 겁니다. 한 번에 끝나는 겁니다.

딱 2주 만에 끝나죠. 그러려면 전 세계가 동참해야 할 텐데요.

그렇죠. 어려운 게 그런 데 있는 겁니다.

이론적으로는 그렇지만 어렵잖아요, 현실적으로는요.

그래도 우리는 이번 상황에서 비교적 다른 나라보다는 잘

최재천

대처했습니다. 물론 우리나라에 다른 나라 사람들이 계속 들어오겠지만 우리 의료체계가 그 정도는 충분히 감당할 수 있거든요. 이제는 일상으로 웬만큼 복귀해야 한다고 생각합니다.

신인류의 삶은 어떻게 펼쳐질 것인가

제가 교수님의 최근 글을 몇 편 읽었는데요, '일상으로 돌아가자' 이런 단신을 쓰시면서 그 앞에 '조심스레' 같은 단어를 쓰시더라고요. 그런데 그 '조심스레'의 정도를 우리가 지금 모른다는 생각이 듭니다. 그게 새로운 기준이 되어야 하지 않을까요. 뉴노멀•, 신인류의 삶의 기준 척도가 돼야 하는 거죠.

또 다른 각도에서 보면, 지금 사회적 거리두기를 하면서 온갖 경제가 마비되지만 인간들의 삶은 지속되고 있단 말이에요. 혹시 그동안 인간의 삶에 쓸데없는 불필요한 거

> **● 뉴노멀**New normal
> 뉴노멀이란 시대 변화에 따라 새롭게 부상하는 기준이나 표준을 의미한다. 경제 위기 이후 5~10년간의 세계경제를 특징짓는 현상으로, 과거에 대해 반성하고 새로운 질서를 모색하는 시점에 등장한다. 저성장, 저소비, 높은 실업률, 고위험, 규제강화, 미국의 경제 역할 축소 등이 2008 글로벌 경제 위기 이후 세계경제에 나타날 뉴노멀로 논의되고 있다. 제2차 세계대전 이후 60여 년간 세계경제가 3퍼센트 이상 성장해온 시대를 오래된 표준, 올드 노멀Old Normal이라고 한다면 이제 세계경제는 뉴노멀 환경에 놓여 있다고 할 수 있다.

품과 과잉이 경제를 지탱한 힘이었던 것은 아닐까, 하는 생각이 듭니다. 우리는 사상누각 위에 경제를 세웠나? 이런 질문도 던지게 되더라고요. 거기에 대한 답을 주실 수 있을까요?

그럴 수도 있겠죠. 저야 경제학자가 아니니까 똑 부러진 답을 드릴 수가 없는데, 우스갯소리로 후베이성에서 이혼율이 증가했다는 기사가 있더라고요. 며칠씩 가까이 있다 보니 부부싸움이 잦아져서 헤어지더라는 내용이었는데요. 아직 우리나라에는 그런 이야기가 많이 들리진 않는 것 같습니다. 제가 동네 산으로 산보를 다니는데, 예전에 못 보던 풍경이 많이 보이더라고요. 가족 단위로 산에 오고 애들을 데리고 다니기도 하고요. 전에는 아빠들이 집에 잘 없으니까 거의 못 해본 일이잖아요.

그런데 지금은 오죠? 애들도 학교에 못 가니까요.

지금은 같이 갈 수 있잖아요. 어떻게 보면 이번 기회에 가족의 삶 같은 것들을 찾아내는 게 아닐까 싶습니다. 남들이 좋다고 하는 삶이 아니라 내가 진정 좋아하는 삶을 살 수 있을지도 모르겠다는 생각을 하게 되지 않을까요? 이게 경제와 어떻게 직접적으로 연결되는지는 잘 설명드리지 못하겠습

최재천

니다만, 정상적인 삶을 우리가 조금씩 되찾아가는 데 도움이 되는 게 아닌가 그런 생각도 좀 했어요.

그걸 정상과 비정상이라고 엄격히 구분하기는 어렵겠으나, 만약 그동안 비정상에 기초한 거품경제가 있었다면, 이번에 그걸 꺼트리고 줄이면서 대신 정상적인 삶을 더 풍요롭게 하는 경제는 키울 수 있다 이거네요.

그걸 찾아봐야 한다고 생각합니다. 이번 기회에 말입니다.

그게 뉴노멀, 신인류의 삶이 되어야 한다고 할 수 있을까요? 그런데 우리가 지금은 다들 조바심을 내면서 버티고 있는 거거든요. 일주일, 2주 정도만 더 참으면 옛날로 돌아갈 수 있겠지, 이건 안 되는 걸까요?

정확하게 옛날로 돌아가기는 힘들지 않겠어요? 이제 '새로운 옛날'로 돌아가야 되겠죠. 새로운 가치관, 새로운 세계관을 찾지 않을까요? 어느 영화 때문에 유행한 말인 것 같은데요. "뭣이 중헌디?" 이런 말이 있죠. 이처럼 우리 삶에서 정말 무엇이 중요한지를 새롭게 찾아가는 사람들이 많아질 겁니다.

새로운 옛날에 지금의 나는 없고 새로운 삶의 방식을 만들어가야 한다?

그렇죠. 어쩌면, 어쩌면 이번에는 사람들이 계산을 제대로 할 수도 있겠다는 생각에 제가 적이 흥분하고 있습니다. 그동안 끊임없이 얘기했거든요. "자연을 보존하는 게 더 이로울 수 있습니다. 갯벌을 개발하는 것보다 갯벌을 놔두면 정화 능력 때문에 궁극적으로는 더 경제적입니다." 이런 얘길 계속해왔어요.

생태학자들은 그동안 자연환경을 훼손하지 않고 보전하는 것이 궁극적으로 더 이익이라고 줄기차게 부르짖었습니다. 환경경제학, 생태경제학이라는 분야까지 만들어서 기후변화와 생물 다양성 고갈이 불러올 경제 손실을 돈으로 환산해서 전달했지만 아무 소용이 없었죠.

그런데 이렇게 갑자기 등장한, 눈에 보이지도 않는 바이러스 때문에 우리를 둘러싼 상황이 급변하고 있습니다. '우리가 그간 좀 벌었다고 자부했지만 지금 사람은 사람대로 죽어나가고 경제는 또 경제대로 다 망가지고 있지 않나? 앞으로 이런 일을 3년에 한 번씩 겪어야 한다?' 제 눈에는 너무나 또렷

최재천

하게 보이던 계산을 드디어 다른 사람들도 할지 모른다는 기대가 생겼습니다.

3년에 한 번씩요? 그렇게 되면 우리는 더는 못 살아남겠죠.

그렇죠. 진짜 자연을 건드리지 않는 게 더 좋다는 계산을 이제 드디어 사람들이 할지도 모른다, 그런 희망이 생긴 겁니다. 몇 년마다 한 번씩 이런 대재앙에 휘둘릴 수는 없어요. 이제 생태를 경제활동의 중심에 두는 생태중심적eco-centered 기업들이 생겨나고, 소비자는 그런 기업만 선택하는 일이 벌어질 겁니다. 생태적 전환만이 살 길이에요.

자연의 일부답게, 현명한 호모 사피엔스답게

요약하자면 자연을 건드리지 말고 생태적 삶의 방식, 그 철학을 전 인류가 함께 공감해가자, 이렇게 말할 수 있겠네요. 삶의 새로운 기준, 조심스레 일상으로 돌아가는 것에 대해서도 좀 더 이야기 부탁드립니다.

우리 인간이 다른 모든 동물과 엄청나게 다른 게 있죠. 예

66

진짜 자연을 건드리지 않는 게 더 좋다는
계산을 이제 드디어 사람들이 할지도 모른다,
그런 희망이 생긴 겁니다. 몇 년마다 한 번씩
이런 대재앙에 휘둘릴 수는 없어요. 생태적
전환만이 살 길이에요.

99

를 들어 침팬지 한 20~30마리가 스타벅스에서 커피를 마시고 있는데, 못 보던 옆 동네 침팬지 한 마리가 뚜벅뚜벅 걸어들어와서 "카페라테 한 잔 주세요."라고 하는 장면이 상상되나요? 그 20~30마리 침팬지들이 그냥 달려들어서 물어뜯고 말죠.

그런데 우리는 수백 명이 모여 있는 곳에도 겁도 없이 그냥 들어가서 돌아다니거든요. 모든 동물 중에서 이 단계를 넘어선 유일한 동물이 우리 인간이에요. 아예 모르는 사람들과도 그냥 지낼 수 있는. 그런데 앞으로 코로나19 사태와 같은 일들이 계속 잦아지면, 일상에서 할 수 있는 일과 할 수 없는 일을 구분해가는 작업이 필요해질지도 모릅니다. 슬픈 얘기지만요.

아주 모르는 사람과 함께는 하되, 그 안에서 할 수 있는 일과 할 수 없는 일이 나뉜다는 말씀인가요?

바이러스가 유행하는 시절이 오면, 누구와는 가까이할 수 있지만 모르는 사람과는 어느 정도 거리를 두는 것을 일상의 행동 패턴으로 지녀야 하지 않을까 생각합니다.

그리고 그런 인간들의 삶의 패턴에 맞춰 경제구조도 바뀌

어야 하고요. 그렇죠? 앞으로 비대면 분야의 경제가 커지겠
지요?

이미 커지고 있는 것 같습니다.

뿐만 아니라 아까 이야기했던, 좀 쓸데없는 접촉과 거품에
의한 경제에도 많은 변화가 있겠군요. 이것 역시 줄어들 수밖
에 없겠네요.

'쓸데없는 접촉'이라 하셨는데 우리가 자연과 접촉을 안 할
수는 없잖아요. 우리가 사용하는 거의 모든 자원이 다 자연
에서 오는 거니까요. 하지만 이제부터는 자연과 좀 절제된 접
촉을 해야 합니다. 이번 코로나19 사태를 겪고서도 우리가 자
연과 지나친 접촉을 하다가는 감당하기 어려운 낭패를 볼 수
밖에 없음을 알아채지 못하면 저는 '현명한 인간'이라는 뜻의
호모 사피엔스Homo sapiens 학명을 박탈해야 한다고 생각합
니다. 이름에 걸맞게 우리 조금만 더 현명해집시다.

네, 이번 사태를 계기로 우리 인류가 자연의 일부임을 다시
한 번 자각하고, 조금만 더 현명해졌으면 합니다. 최재천 교수
님, 귀한 말씀 감사드립니다.

최재천

포스트 코로나 [2]

경제의 재편

장하준

"1929년 같은 대공황 온다"

세계경제는 어떻게 리셋되는가

장하준

케임브리지대학교 경제학과 교수. 서울대학교 경제학과를 졸업하고 영국 케임브리지대학교에서 경제학 석사 및 박사 학위를 받았다. 2003년 신고전학파 경제학에 대안을 제시한 경제학자에게 수여하는 뮈르달상을, 2005년 경제학의 지평을 넓힌 경제학자에게 수여하는 레온티예프상을 최연소로 수상하면서 세계적인 경제학자로 명성을 얻었다. 세계은행, 아시아개발은행, 유럽투자은행 등의 자문을 맡았으며, 워싱턴 D.C.에 있는 '경제 및 정치 연구소'와 옥스팜의 회원으로 활동하고 있다. 저서로 《사다리 걷어차기》, 《나쁜 사마리아인들》, 《그들이 말하지 않는 23가지》, 《장하준의 경제학 강의》 등이 있다.

1929년 대공황, 2008년 금융위기 때보다 더 큰 위기

가 올 수 있다. 하지만 지금은 과감하게 돈을 풀어야 할 때다. 단 금융이 아닌 사람을 살리는 고용 유지와 소득 보전에 쏟아 부어야 한다. 이것이 장하준 교수가 주장하는 바의 핵심이다. 전 세계 인류는 코로나19 사태 이후 '무엇이 중요한가'에 대해 다시 생각하기 시작했다. 2008년 위기 때 제대로 개혁을 하지 못했고, 어그러지고 텅 빈 채로 또 다른 형태의 인류적 위기에 직면했다. 성장중심주의의 경제 질서를 재편하라. 생명 · 공공 · 복지가 중심이 되는 패러다임의 전환기를 받아들여라. 지금은 주객이 전도된 기존의 경제체제를 정상화하는 계기로 만들기 위해 우리의 소중한 역량을 사람을 살리는 경제, 인간을 위한 복지에 쏟아야 할 때다.

코로나19가 세계경제에 미치는 영향

코로나19 사태가 장기화되면서 경제 위기도 점차 수면 위로 올라오고 있습니다. 경제, 사회적으로 많은 어려움을 겪고 있는데요. 관련하여 장하준 교수님의 성찰을 들어보고자 합니다. 장하준 교수께서는 코로나19 사태를 들어 '준전시 상태'라는 표현까지 쓰시던데요. 코로나19로 인해 세계경제에 닥칠 위기, 과거의 위기와 비교해서 어느 정도라고 생각하세요?

저는 이것을 미증유의 사태라고 봅니다. 왜냐하면 대부분 '경제불황이 온다' 이러면 경제 한 부분이 잘못돼서 시작되는 거거든요. 예를 들어 오일쇼크가 온다거나 금융시장 거품이 터진다거나…. 이런 것들이 퍼져서 위기가 오는 것인데 이번처럼 수요, 공급, 소비가 한 번에 다 붕괴되는 상황은 없거든 요. 더 걱정인 건 2008년 국제 금융 위기 이후에 근본적인 경제개혁을 했어야 했는데 그걸 하지 않고 금리인하, 양적팽창 등으로 억지로 경기를 부양해서 사실상 금융시장에 거품이 잔뜩 끼어 있었다는 거죠. 그런 상황에서 코로나19 사태가 터진 거고요. 만약 백신이 빨리 개발되지 않아서 경제 마비가 계속되면, 저는 2008년 금융 위기는 물론이고 1929년 대공황 때보다도 더한 위기가 올 수 있다고 생각합니다.

1929년 대공황보다 더 심각한 위기요?

어떻게 될지는 모르지만 그럴 가능성도 있다는 거죠.

말씀하신 것처럼 금융이나 어디 한 군데가 아니라 수요, 공급, 소비, 내수, 수출 가릴 거 없이 위기 상황인 거죠?

그렇습니다.

선진국 경제, 신흥개발국 경제, 그런 것도 가리지 않고요.

그럼요. 바이러스가 어떤 계획이 있는 게 아니니까 퍼질 수

　　　　　　　　　　　　　　　　　　　　　　　　장하준

있는 데까지 퍼지는 거고, 현재는 선진국 중심으로 퍼져 있지만 곧 후진국에도 들어갈 텐데요. 예를 들어 인도 등 의료시스템을 제대로 갖추지 못한 나라에 바이러스가 퍼져버리면 정말 걷잡을 수 없거든요.

교수님이 앞서 언급하신 것처럼 2008년 금융 위기에 이미 금리인하, 양적완화를 통해서 금융시장에 거품이 끼었는데요. 지금 그 상태에서 이번 사태가 발생했습니다. 그런데 전 세계 모든 나라가 이 위기에 대응하기 위해서 무제한으로 돈을 풀고 있지 않습니까? 그건 어떻게 생각하세요?

지금은 돈을 풀어야죠. 그 방법밖에 없기는 합니다. 여기에서 어떻게 푸느냐가 중요합니다. 왜냐하면 2008년 이후 돈을 엄청 풀었지만 그 돈이 실물경제로 거의 가지 않았어요. 그냥 은행들이 쌓아놓고 있다든가 기업들이 무리한 부채를 끌어오는 식으로 해서 자산시장에 거품만 끼게 했거든요. 그러니까 이번에도 그런 식으로 하면 안 되는 거죠.

특히 이번에는 기본적으로 사람들이 돈을 풀어도 나가서 소비를 하기가 힘든 상황입니다. 그렇기 때문에 진짜로 생계에 돈이 필요한 사람들한테 돈을 줘야 하는 거예요. 그래서 지금 유럽 대부분의 나라에서는 기업이 직원을 해고하지 않고 계속 고용을 유지할 경우 정부가 임금의 80퍼센트까지 지원을 해준다고 합니다. 물론 한시적인 것이지만요. 심지어 영국에서는 '그러면 자영업자는 어떻게 하냐' 이런 움직임이 있으니까 자영업자도 80퍼센트까지 지원해주겠다고 하고 있어요.

물론 나라마다 조금씩 차이는 있지만, 옛날처럼 그냥 막연하게 돈을 푸는 것만으로는 안 된다는 걸 사람들이 깨달은 거죠. 예를 들어 2008년 금융 위기 이후에도 돈을 풀었는데, 그 돈이 금융기관에만 유입됐고 실물경제에는 돈이 흘러 들어가지 않았습니다. 정부가 푼 돈의 양은 많은데 사실 그것에 비해서 효과가 별로 없었어요. 그래서 이번에는 진짜 돈이 필요한 곳에 돈을 줘야 한다, 이런 얘기들을 많이 하는 거죠.

정부 지원 규모는 어느 정도가 적당한가

고용구조가 완전히 다른 미국의 경우, 한 달여 만에 실업자 수가 엄청나게 늘었는데요. 그나마 유럽은 말씀하신 그런 제도를 통해서 정부 지원으로 해고를 막고 있는 거죠? 우리나

장하준

"

옛날처럼 그냥 막연하게 돈을 푸는 것만으
로는 안 된다는 걸 사람들이 깨달은 거죠.
2008년 금융 위기 이후에도 돈을 풀었는데,
그 돈이 금융기관에만 유입됐고 실물경제에
는 돈이 흘러 들어가지 않았습니다. 그래서
이번에는 진짜 돈이 필요한 곳에 돈을 줘야
한다, 이런 얘기들을 많이 하는 거죠.

"

라도 그런 정책을 해야 하지 않겠습니까?

저는 해야 한다고 생각합니다. 왜냐하면 미국 같은 경우에 2020년 5월 5일 기준으로 코로나19 사태로 인한 신규 실업자가 3,000만 명을 돌파했다고 합니다. 이건 미국 노동인구의 18퍼센트에 해당하는 숫자입니다. 코로나19 사태 이전의 실업자에다가 이를 더하면 5월 5일 현재 미국의 실업률은 22퍼센트가 넘는다는 얘기입니다. 이번 사태가 시작되기 이전에 미국의 실업률이 4.4퍼센트였는데, 엄청난 수치인 거죠.

미국 남부 주 같은 경우에는 록다운이 시작된 지가 얼마 되지 않았기 때문에, 최소한 몇 주 동안은 한 주에 몇백만 명씩 늘어날 것으로 보고 있습니다. 그렇게 되면 실업률이 대공황 당시 수준인 30퍼센트까지 올라갈 수도 있고, 실업률이 이런 수준으로 올라가기 시작하면 경제가 완전히 붕괴되는 거죠. 그래서 당분간은 정부에서 지원을 해서라도 고용을 유지해야 해요.

그리고 일단 사람들이 한 번 실업 상태가 되면, 경기가 풀린다 하더라도 새로 직장을 찾아야 하고 재교육도 받아야 하죠. 기업은 기업대로 새 사람을 들여야 하니 그 비용도 엄청

장하준

나고요. 물론 이런 사태가 몇십 년 계속 간다고 하면 지원금을 다 대줄 수는 없겠지만, 6개월이나 1년이라는 한시적인 기간 동안에는 그렇게 해서라도 고용을 유지해야 한다고 봅니다. 그 과정에서 국민소득을 유지하고 소비를 받쳐줄 필요가 있는 거죠.

그러니까 임금을 일부 좀 삭감하는 한이 있더라도 해고하지 않고 정부가 지원해야 한다, 그다음에 긴급한 생계 지원이 필요한 곳에 돈을 쓰되 그 돈이 내수시장에 흘러들어서 실물경제가 돌아가도록 만들어야 한다, 이런 얘기네요.

그렇죠. 제 생각에 특히 우리나라는 자영업자에 대한 지원이 아주 시급합니다. 자영업자 비율이 굉장히 높거든요. OECD 평균 자영업자 비율이 15퍼센트인데 우리나라는 25퍼센트입니다. 미국의 경우에는 7퍼센트도 안 되거든요. 임금생활자들과 비교하면 자영업자들은 경제 위험에 굉장히 많이 노출되어 있습니다. 왜냐하면 자기가 직접 사업을 하기 때문에 유행 변화, 경기 변동 같은 것에 민감하거든요. 아카데미상을 탄 봉준호 감독이 영화 〈기생충〉에서 그런 현실을 날카롭게 그리기도 했죠. 자영업이란 게 대만 카스테라, 치킨집 이런 거 하다가 한두 번 잘못되면 완전히 극빈층으로 전락하기도 하잖아요. 그래서 이분들을 보호해야 한다는 겁니다.

그런데 지금 진행되는 정부 대책을 보면 소액의 재난지원금만 주는 방식이잖아요. 하다못해 시장주의의 원조라고 하는 영국에서조차 자영업자들도 임금생활자처럼 80퍼센트까지 정부에서 소득을 보전해주겠다는 정책을 내놓았잖아요. 물론 어느 정도 소득 이하를 버는 분들 얘기지만요. 우리나라도 더 과감한 정책을 펼칠 필요가 있습니다.

자영업자 보호는 코로나19 방역을 위해서도 중요합니다. 왜냐하면 우리나라 자영업은 유난히 식당이나 술집에 집중되어 있기 때문입니다. 모두 사람들이 많이 모이는 곳이죠. 아직도 많은 자영업자들이 방역을 돕기 위해 영업을 중단하고 있는데, 생계에 점점 압박이 오면 가게 문을 열 수밖에 없어요. 그렇게 해서 사람들이 많이 모이면 위험도 커지고 방역에도 좋지 않거든요. 그렇기 때문에 자영업자를 보호하는 게 방역정책의 일부이기도 하다, 저는 그렇게 생각합니다.

장하준

가라앉는 산업, 부상하는 산업

알겠습니다. 자영업자에 대한 좀 더 과감한 지원책이 있어야 한다는 내용이었습니다. 그렇다면 코로나19 이후 세계경제는, 또 각국의 경제는 근본적으로 어떤 변화를 겪게 될까요? 먼저 산업분야도 상당한 재편이 이루어지겠죠?

그렇죠. 이제 어떤 분야에서는 영업 자체가 아예 안 될 수가 있어요. 지금처럼 사회적 거리두기 같은 걸 하기 시작하면요. 지금 가장 큰 타격을 받는 게 서비스 업종입니다. 서로 가까이 대면해야 하는데 그렇게 할 수가 없으니까요. 제조업 같은 경우에는 도리어 기계화가 많이 돼 있고 사람들이 띄엄띄엄 일하기 때문에, 아주 노동집약적인 의류, 식품 가공 등 몇 분야를 빼고는 그렇게 크게 타격을 받지 않을 겁니다. 하지만 서비스업의 경우에는 타격을 많이 받을 수밖에 없겠죠.

관광업에 의존하는 나라 또한 타격이 엄청 클 겁니다. 물론 백신이 개발되면 관광객이 다시 오기는 하겠지만, 예전만큼 많이 다니지는 않을 거예요. 그러다 보면 여행산업이라든가 항공산업 등에도 영향이 클 거고요. 현재로서는 정확히 어떻게 될지 예측하기는 힘들겠지만 많은 변화가 뒤따를 것 같습니다.

반대로 배달업, 택배업은 당장 눈에 띄게 부쩍 늘어나고 있어요. 또한 집 안에서 TV를 통해 영화를 보는 서비스, 이런 것이 엄청나게 커지지 않겠어요.

그렇죠. 그리고 화상 미팅을 하는 회사, 화상 강의를 하는 학교들이 늘어나면서 관련 업종의 주가가 엄청 올라가고 있잖아요. 하여튼 무슨 일이 벌어져도 돈 버는 사람들은 또 있다, 이런 얘기도 있고요. 그런 것처럼 사양산업도 있지만 더 잘되는 산업도 있을 겁니다. 주요 산업에 많은 구조 변화가 오리라는 것은 틀림없어 보입니다.

흔히 얘기해온 이른바 4차 산업혁명이 코로나19 이후에 더 가속화되지 않을까요?

어떤 기술들은 그렇겠죠. 특히 접촉을 최소화하면서 일하는 방법들은 더욱 발전하고 상용화 또한 가속화될 것 같습니다. 다만 그런 방식이 각 기업에서 어떻게 현실화될지, 언제쯤 본격적으로 가시화될지는 두고 봐야 할 듯합니다.

코로나19를 겪으면서 우리가 4차 산업혁명 기술의 좋은 점도 직접적으로 경험하게 되고, 그로 인한 산업 구조 개편 등

　　　　　　　　　　　　　　　　　　　　　　　장하준

도 예상하고 있지만, 이 흐름에서 한 가지 중요한 것이 있습니다. 사람들이 '과연 우리가 사는 데 무엇이 더 중요한가'에 대해서 다시 생각하기 시작했거든요. 왜냐하면 방금 이야기한 배달, 택배 같은 것들의 중요성을 이전에는 떠올리지 못했거든요. 당연히 존재하는 것으로 여겼으니까요. 배달이나 택배뿐만 아니라 의료, 보육, 요양 같은 업계에서 일하는 분들이 얼마나 중요한지 이제 알게 된 거죠. 하다못해 식료품점, 슈퍼마켓에서 일하는 분들까지도요.

영국 같은 데서는 의료나 먹거리, 교육 등에 종사하는 분들을 '핵심 인력key worker'이라 부르고 있어요. 미국에서도 '필수 직원essential employee'이라고 부르기 시작했고요. 지금까지는 세상에 더 중요한 것도 없고 덜 중요한 것도 없이, 시장에서 사람들이 원하는 게 더 많이 생산되고 사람들이 원하지 않으면 생산이 안 되는 식으로 사회가 운영되었죠. 하지만 이제는 우리를 안전하게 지키고 사회를 유지하려면 더 필요한 일들이 있고, 그런 데서 일하는 사람들이 중요하다는 인식이 생겼습니다. 그래서 그런 인식에 따라 임금구조나 노동시장구조도 변할 것 같아요.

그동안 시장에서는 돈 많이 받는 직업을 중요하게 보고 그렇지 않으면 낮춰 봤습니다. 코로나19 사태가 지나간 다음엔 정말 우리 사회에 없어서는 안 될 분야에서 일해왔지만 제대로 대우를 못 받는 분들에 대한 처우를 개선해야 할 겁니다. 또한 많은 사람이 가사노동의 소중함도 느끼게 되었죠. 먹거리와 건강을 챙기는 일이 생존에 얼마나 중요한지 알게 된 거예요. 가사노동의 가치도 다시 한 번 생각해봐야 하고요.

우리 경제는 무엇을 향해 나아가야 하는가

공공서비스 내지는 준공공서비스 영역에 대한 새로운 인식 전환이 필요하다는 말씀이네요. 코로나19 이후에 우리가 지향해야 할 경제시스템, 경제체제는 한마디로 뭐라고 할 수 있을까요?

모든 사람을 안전하게 지키는 시스템이 필요합니다. 물론 그 전에도 세계화의 영향으로 세계가 하나고 우리가 떨어져 사는 게 아니구나, 이런 인식들이 퍼졌죠. 이번 사태로도 드러났잖아요. 중국의 지방도시 시장에서 시작되었다는 바이러스가 지금 전 세계에 위기를 몰고 왔으니까요. 그러니까 지구의 모든 사람들이 연결돼 있다는 걸 실감할 수 있는 거죠.

장하준

우리가 완전히 안전해지려면 최소한 전 세계 인구의 90퍼센트가 맞을 수 있는 저렴한 백신이 나와야 합니다. 그렇지 않으면 이 병이 계속 돌아다닐 거예요. 상황이 이런데 나는 돈이 있으니까 태평양 섬을 하나 사서 바이러스를 피해 살란다, 이렇게 되는 게 아니잖아요. 부자든 누구든 피할 수 없는 거죠. 이번 사태를 계기로 사람들이 얼마나 서로 얽혀 있는지를 많이 깨달은 것 같아요.

그리고 돌봄경제, 영어로는 'care economy'라고 하는데요. 집에서 하는 가사노동부터 의료, 기본 서비스 등에 종사하는 분들이 없으면, 즉 이러한 돌봄경제가 없으면 우리가 보통 생각하는 경제라는 것이 존재할 수도 없음을 깨닫게 되었습니다. 우리는 이런 식으로 다 서로 얽혀 살고 있어요. 그러니까 서로 돕고 안전을 지켜주지 않으면 경제가 제대로 돌아가지 않는 거죠. 코로나19 사태를 기회로 이런 인식들이 점점 퍼지고 있기 때문에 앞으로 좀 더 연대가 강화되는 쪽으로 사회가 재구성될 수 있다고 생각해요.

결국 이런 걸 보면서 느끼는 게 있어요. 아, 우리가 공공서비스를 제대로 만들어야 하는구나, 재난대응시스템을 제대로 만들어야 하는구나. 그리고 모든 국민한테 의료보험 같은 걸 적용해야 하는구나. 미국의 경우 국민의 10퍼센트가 의료보험이 없다는 게 큰 문제예요. 이 사람들은 병원도 못 가는데요, 만약 아파서 돌아다니다가 병을 퍼뜨리기 시작하면 통제가 안 됩니다.

우리나라는 방역, 통제를 세계 1등으로 잘했지만 그 과정에서 드러난 게 있어요. 자영업자 문제라든가 배달이나 택배업 종사자들의 열악한 근무 환경에 대한 문제가 드러났죠. 이런 문제들을 보면서 '우리가 진짜 더 좋은 사회, 더 안전한 사회, 다 같이 잘사는 사회를 만들려면 어떤 일을 해야 하는가'에 대해 생각해야 하는 거죠. 한국은 기본적인 복지를 확대해야 될 거고, 미국은 의료보험을 더 갖춰야 할 거고요.

의료시스템도 더 갖춰야 하고요. 결국 그렇게 모두를 안전하게 지키고 재난에 대응할 수 있는 사회가 복지사회 아닌가요?

그렇죠. 바로 그런 걸 위해서 기술 혁신도 하고 물건도 만들고 무역도 하는 거예요. 우리가 지난 몇십 년 동안 최소한 주객이 전도된 시스템으로 살았거든요. 경제 발전이라는 건 수단이고 목표는 복지, 안전, 건강인데 말이죠. 이번 기회에 그 가치를 재정립할 필요가 있지 않나, 생각합니다.

장하준

그런데 일부 다른 시각에서는 코로나19로 미증유의 경제 위기가 오니 그동안 문재인 정부가 해오던 최저임금 인상, 주 52시간 근로, 소득주도성장 등을 다 폐기해야 한다, 성장으로 가야 한다, 주장하기도 합니다. 여기에 대해서는 어떻게 생각하십니까?

이런 상황에서 어떻게 성장할 수 있을까요. 지금은 국민을 안전하게 지키고 건강을 유지하는 게 제일 중요합니다. 그리고 앞에서도 말씀드렸지만 성장이라는 건 수단이잖아요. 모든 국민을 잘살게 하는 게 결국 목표인데 말입니다. 주객이 전도된 그런 가치관은 이제 버려야 할 때가 됐습니다.

목표는 국민의 안전과 건강, 그리고 복지다, 그걸 위해서 성장하는 것일 뿐이다. 이거로군요. 그런 식의 패러다임 전환, 우리 국민들의 인식 전환이 가능할까요?

가능하게 해야죠. 이번에 안 하면 언제 하겠습니까. 이번 같은 일을 겪고도 바꾸지 않는다면 그건 안 되겠죠.

알겠습니다. 이번에 우리가 그걸 해내야만 그나마 미증유의 위기에서 희망을 볼 수 있지 않을까 생각합니다.

66

이런 상황에서 어떻게 성장할 수 있을까요. 지금은 국민을 안전하게 지키고 건강을 유지하는 게 제일 중요합니다. 모든 국민을 잘살게 하는 게 결국 목표인데 말입니다. 주객이 전도된 그런 가치관은 이제 버려야 할 때가 됐습니다.

99

이번에 대한민국은 정말 잘했어요. 유럽에서 우리나라 방역을 보고 처음에 왜 저렇게 과도하게 통제하냐는 말도 나왔지만, 지금 보세요. 한국이 제일 자유로운 나라잖아요.

그렇죠.

제가 영국에 있는데 식료품 사러 슈퍼마켓에 가고 약 사러 약국에 가는 거 말고는 나가지도 못합니다. 한국은 그렇지 않잖아요. 그러니까 그런 걸 자랑스럽게 여기면서 훌륭한 역량을 잘 활용해서 복지제도도 더 잘 만들고 사회를 더 좋게 만들면 되는 게 아니겠어요?

맞습니다. 그렇게 다 같이 각성해야죠.

이번 위기는 많은 사람에게 '인간의 삶에서 진짜 중요한 것이 무엇인가?', '그런 것을 이루기 위해 개인은 어떻게 인식과 행동을 바꾸고 사회는 어떻게 재조직되어야 하는가?'에 대해 생각하는 계기를 만들어주었습니다. 위기가 지나간 후에 정확히 어떤 사회적 합의가 형성될지는 아직 알 수 없습니다. 하지만 더 안전한 사회, 다 같이 잘사는 사회, 더 지속 가능한 사회를 만들기 위해서는 단순히 정부가 돈을 좀 더 풀고 의

약산업이나 비대면 서비스산업 개발에 더 투자하는 차원이 아닌, 근본적인 개혁이 필요하다는 건 확실합니다. 이러한 개혁 방향에 대한 사회적 차원의 대화가 앞으로도 계속 필요할 겁니다.

장하준

포스트 코로나 [3]

문명의 전환

최재붕

"받아들이지 않으면 죽는다"

포노 사피엔스 문명은 어떻게 가속화되는가

최재붕

성균관대학교 서비스융합디자인학과 교수. '문명을 읽는 공학자'로 잘 알려져 있다. 성균관대 기계공학과 학부와 대학원을 졸업하고, 캐나다 워털루대학교에서 기계공학 석사와 박사 학위를 마쳤다. IT기술 발전을 이끄는 엔지니어로 활동하던 중, 2005년 최재천 교수와의 융합디자인 공동연구를 계기로 '인류의 진화'라는 새로운 세계에 눈뜨게 되었다. 이후 디지털 기술로 인한 많은 변화를 '사람의 본질', '사람 중심'으로 접근하는 공학자의 길을 걷기 시작했다. 비즈니스 모델 디자인과 기계공학의 융합, 인문학 바탕의 동물행동학과 기계공학의 융합 등 학문 간 경계를 뛰어넘는 활약을 이어가고 있는 명실공히 국내 최고의 4차 산업혁명 권위자 중 한 명으로 꼽히고 있다. 저서로《포노 사피엔스》,《차이나는 클라스 과학·문화·미래 편》(공저)이 있다.

4차 산업혁명은 코로나19 사태 이후 더욱 가속화

될 것이다. 인류의 생활 공간이 온라인, 디지털 플랫폼으로 옮겨가는 것은 언택트(비대면), 즉 오늘날 바이러스 전파를 차단하는 방안과도 일치한다. 팬데믹 쇼크는 오늘 멈추지 않는다. 코로나19와 같은 바이러스 대창궐이 다시 시작되더라도 생존할 수 있는 길을 열어놓아야 한다.

우리는 코로나19를 통해 포노 사피엔스들의 생각의 표준이 확연히 다름을 확인했다. 어차피 디지털 문명은 '정해진 미래'임을 기억하자. 최재붕 교수는 이제 인류의 문명을 디지털 플랫폼 중심으로 전향하자고 말한다. 우리가 해야 할 일은 완전히 달라진 세상의 표준을 기존 사회에 접속하는 것. 글로벌 팬데믹을 완전히 막을 수 없다면, 포노 사피엔스의 문명을 더욱 가속화하여 모두가 위기에 대응할 수 있도록 준비하는 것 뿐이다.

코로나19 이후, 4차 산업혁명은 더욱 가속화될 것

인문과 공학을 아우르는 통찰로 이름난 진화 인류학자 최재붕 교수님을 모시고 이야기 나누어보겠습니다. 최재붕 교수께서는 서비스융합디자인학과에서 학생들을 가르치고 계시는데요. 학과 이름 자체가 매우 참신하고 창조적입니다.

대학원 학과인데요. 예를 들어 과거에 있던 서비스를 디지털 플랫폼으로 옮기려면 어떻게 해야 하는지, 무엇을 새롭게 해야 하는지를 주로 연구하고 학생들을 교육하는 학과라고 보시면 됩니다.

원래 최 교수님의 주전공은 뭔가요?

기계공학입니다.

기계공학인데 디지털 플랫폼에 따른 서비스산업 변화를 어떻게 가르치세요?

저는 원래 기계공학을 하면서 융합을 기반으로 한 미래 제품디자인과 관련된 일을 했습니다. 그래서 진화론이나 심리학을 연구하는 분, 디자인을 하는 분과 같이 일했어요. 그런 일을 하다 보니 제일 중요한 게 사람이고, 사람을 중심으로 디자인을 해야 한다는 것을 느꼈죠. 그걸 좀 더 확장하니까 사람이 디지털 플랫폼으로 삶의 공간을 옮겨가는 것이 보이더라고요. 이러한 것을 기반으로 기존의 서비스디자인학과를 다시 조정한 거라고 보시면 되겠습니다.

사람 그리고 그들이 이루는 사회, 그들이 만든 문화. 그것의 총화로서의 문명. 문명의 변화를 읽어야 미래 제품을 만들 수 있다는 거군요.

맞습니다.

4차 산업혁명의 흐름에서 볼 때 코로나19 이후에는 어떤

최재붕

변화가 올까요?

사실은 그 이전부터 문명의 변화가 시작되었죠. 제가 인류가 변해서 4차 산업혁명이 온 거라는 말을 했는데요. 그 기준이 바로 '포노 사피엔스Phono Sapiens'라는, 스마트폰을 들고 생활하는 사람들입니다.

포노 사피엔스에 대해 좀 더 설명해주신다면요.

'포노'가 라틴어로 스마트폰, 폰을 의미하고요. '사피엔스'는 호모 사피엔스의 약자라고 보시면 됩니다. 그러니까 포노 사피엔스란 스마트폰을 신체 일부처럼 쓰는 새로운 인류입니다. 포노 사피엔스가 사실 전체 호모 사피엔스의 표준 인류가 되면서 급격한 변화가 이미 있었어요. 이번에 서로 만나면 감염 위험이 높으니 만나지 말고 거리를 두자고 하잖아요. 심지어는 아이들 학교 수업도 강제로 온라인, 즉 디지털 플랫폼으로 옮기지 않았습니까. 이러다 보니 코로나19 사태 이후에는 문명의 변화가 더욱 가속화돼서 디지털 문명, 포노 사피엔스 문명으로 갈 것으로 보고 있습니다.

이른바 4차 산업혁명, 이것도 시작된 지 꽤 됐잖아요. 4차 산업혁명 역시 가속화될 것이다, 이렇게 보시나요?

맞습니다. 4차 산업혁명의 핵심으로 우리는 보통 기술적으로 '인공지능 로봇'을 꼽는데요. 그것보다 저는 인류의 생활 공간이 스마트폰을 쥐고 어디든 접속할 수 있으니 오프라인보다는 온라인, 디지털 플랫폼으로 옮겨가는 것에 방점이 있다고 봅니다. 물건도 사고 영화도 보고 금융, 은행 등 온갖 것을 스마트폰으로 할 수 있죠. 이것이 결국은 언택트*(비대면)라는 감염을 줄이는 방법과 일치하고요. 인간의 DNA가 생존율이 높은 쪽을 선택하는 것이죠.

이런 팬데믹 쇼크는 계속 반복된다고 합니다. 그렇다면 앞으로 이런 바이러스가 다시 왔을 때 일을 제대로 하려면 재택근무도 할 줄 알아야 하고, 교육을 제대로 받기 위해 온라인 콘텐츠도 봐야 하는 거죠. 이러니 가속화된다고 볼 수 있다는 겁니다.

> ● **언택트 Untact**
> 접촉contact을 뜻하는 콘택트에 언un이 붙어 '접촉하지 않는다'는 의미다. 기계로 메뉴를 주문하는 키오스크나 VR(가상현실) 쇼핑, 챗봇 등 첨단 기술을 활용해 판매원이 소비자와 대면하지 않고 상품이나 서비스를 제공하는 사례가 언택트에 해당한다.

최재붕

디지털 문명은 정해진 미래, 표준을 바꿔야 한다

비대면 또는 언택트라고 하지요. 만나지도 않고 가상의 공간, 온라인과 디지털 플랫폼을 통해 필요한 모든 것을 해결할 수 있도록 도와주는 기술적 진화가 4차 산업혁명을 설명하는 거고, 이게 바로 초연결사회라고 할 수 있겠군요.

그렇죠. 참 안타까운 건 뭐냐 하면 세계 100대 디지털 벤처가 우리나라에 오면 절반 이상이 불법이에요. 규제 공화국이라고 얘기하는 게 다 그런 거죠. 우버도 그렇고 에어비앤비도 그렇지만 그 외에도 굉장히 많습니다. 데이터 3법*같은 것이 겨우 나왔지만 여전히 적용하기에는 세부 규제가 매우 까다롭습니다.

이번에 드러난 문제 중 하나로 원격 진료가 있습니다. 우리나라에서는 원격 진료가 불법이다 보니 감염이 두려운 많은 분들이 병원에 내원해 의사의 진단을 받기를 꺼렸다는 겁니다. 미국, 중국, 일본과 같은 많은 국가에서는 이미 시행하고 있었는데 말이죠. 우리나라에서

● 데이터 3법

데이터 이용을 활성화하는 「개인정보 보호법」, 「정보통신망 이용 촉진 및 정보보호 등에 관한 법률(약칭: 정보통신망법)」, 「신용정보의 이용 및 보호에 관한 법률(약칭: 신용정보법)」 등 세 가지 법률을 통칭한다.

는 기존 일자리에 위협이 되면 일단 규제 대상이 된다고 보면 됩니다. 사실 보호는 당연히 필요합니다. 그런데 이렇게 규제로만 지키기에는 세계 문명의 변화 속도가 너무 빠릅니다. 보호가 도태로 이어져서는 안 된다는 것이죠.

우리 사회는 문명의 표준이 과거의 보호에 초점을 맞추고 있었는데요. 이번에 맞닥뜨려보니 코로나는 규제로 막을 수가 없었던 겁니다. 정말 영세한 소상공인부터 아이들에 이르기까지 디지털 문명에 익숙해져야 앞으로 우리가 좀 더 발전할 수 있을 뿐 아니라 생존할 수 있겠다는 것을 느끼게 됐죠.

예를 들어 시장에서 반찬가게를 운영하는 사장님이 디지털 스토어를 차리는 법을 잘 몰라서 준비를 못 한다면, 다시 또 코로나19 같은 위기가 왔을 때 몇 달씩 매출이 하나도 없는 시간을 감수해야 합니다.

그런데 온라인 쇼핑몰도 운영하고 SNS 마케팅까지 해서 배달 서비스도 시작했다면 이야기는 달라지겠죠. 이번에 배달 위주로 운영했던 가게들은 실제로 큰 호황을 누렸습니다. 한 번 맛본 사람들이 단골도 되었다고 합니다. 그러니 위기가 기회가 된 것이죠.

이 모든 것이 바로 표준이 달라지면 생기는 변화입니다. 그래서 정부 역시 '어차피 디지털 문명은 정해진 미래다' 이렇게 생각하고 정책의 표준을 바꾸자는 겁니다. 소상공인을 보호한다고 자꾸 규제를 만들고, 기존 방식의 지원 사업에 너무 돈을 쓰지 말고요. 이들이 '디지털 스토어'를 차릴 수 있도록 지원하는 정부 차원의 사업을 시작하자는 겁니다. 물론 어렵지요. 어렵겠지만 서로 도와서 가야 합니다. 바이러스가 다시 온다는데 언택트 서비스를 하지 말라고 규제할 수는 없지 않습니까.

이런 변화들이 가속화되면 사람들이 점점 개별화될 가능성이 크겠네요.

기성세대도 디지털 문명 적응하도록 유도해야

우리가 매일 사람들과 만나고 함께했으니까 거기에 너무 익숙해져 있죠. 그래서 앞으로 인간성이 소멸되지 않을까 걱정을 하기도 합니다. 부작용도 있겠지만 순작용도 사실은 많

"

이 모든 것이 바로 표준이 달라지면 생기는 변화입니다. 그래서 정부 역시 '어차피 디지털 문명은 정해진 미래다' 이렇게 생각하고 정책의 표준을 바꾸자는 겁니다. 바이러스가 다시 온다는데 언택트 서비스를 하지 말라고 규제할 수는 없지 않습니까.

"

이 있습니다.

순작용이라면 어떤 거죠?

예를 들어 영역도 경계도 없이 서로 만날 수 있다는 거죠. 새로운 인간관계가 형성되고 있습니다.

직접 얼굴 보고 만나는 게 아니라 디지털로 만나는 걸 말씀하시는 건가요?

그렇습니다. 디지털에서도 인간관계가 형성됩니다. 심지어 디지털로 만나더라도 끈끈한 우정이 만들어지기도 합니다. 그런데 우리는 '안 될 거야'라고 미리 지레짐작하죠. 디지털 교육도 이미 많이들 받고 있지 않습니까. 학생들 중에는 유튜브로 인공지능 프로그래밍을 학습하고 아주 완벽하게 코딩을 마무리하는 경우도 있더군요. 곳곳에서 혁신이 이뤄지고 있는데 사회 전체적인 분위기는 '그건 안 좋은 거야'라며 부작용만 계속 드러내는, 들추는 역할을 하고 있는 거죠. 이번 사태를 기회로 '디지털 혁신은 뭘까'라는 방향으로 나아가야 할 것 같습니다.

순작용보다 부작용을 들추려고 하는 것은 최재붕 교수나 저 같은 기성세대겠죠?

맞습니다. 저 역시 기성세대이니 마찬가지라고 할 수 있죠.

저희가 포노 사피엔스에 포함되기는 어려울까요?

애를 쓰면 배울 수도 있겠죠. 사람들이 저한테 그 흐름에서 소외된 사람들은 어떻게 하면 좋겠냐고 많이 물어봅니다. 예를 들어 우리나라에서 우버가 합법화되면 택시 기사들이 실직을 할 테니 안타깝고, 마음이 아프겠죠. 그러니 국가가 규제하고 천천히 도입되도록 하는 게 나쁜 일이 아니고 국가로서 당연히 해야 할 일이라고 생각합니다.

그런데 이번 코로나19 사태를 겪어보니 확연히 드러나는 게 있었죠. 예를 들어 식당 중에 배달 메뉴를 만들어서 온라인으로 주문을 받고 배달 사업을 같이 하는 사람들은 아무래도 타격이 적더라는 거예요. 반면 '나는 그런 거 안 해' 하는 분들은 진짜 심한 타격을 입고 있습니다.

그러니까 디지털 문명에 대한 적응력을 점차 높이는 게 앞

최재붕

으로 사회 적응력을 키우는 데 필요함을 인지해야 합니다. 계속 배우고 받아들이려고 노력해야 하는 거죠. 사회적으로는 계속 규제만 할 게 아니라, 세금을 잘 모아서 그분들이 안전하게 디지털 문명으로 갈 수 있도록 교육도 시키고 지원도 해야 하는 거죠. 서로 상생의 체계를 갖추는 게 앞으로 더욱 절실하지 않을까 싶습니다.

페이스북, 아마존, 넷플릭스, 구글의 지배력이 강화된다

코로나19 이후에는 소위 팡FANG 이라고 하는, 그러니까 페이스북Facebook, 아마존Amazon, 넷플릭스Netflix, 구글Google의 지배력이 더 강해질 것이다, 이런 외신 기사들도 많이 나오지 않습니까? 그처럼 앞으로 더 유망한 산업이 있을 것이고 반대로 급격히 위축되는 산업이 있을 텐데 어떻게 전망하세요?

아마존 같은 경우 주문이 폭주해서 10만 명을 더 채용하겠다고 발표했죠. 넷플릭스는 가입자가 너무 늘어서 감당을 못할 정도라고 하더군요. 심지어 화질을 일부러 떨어뜨리기까지 했죠. 결국 이런 팬데믹 쇼크는 앞서 최재천 교수님이나 장하준 교수님도 말씀하셨듯이, 계속 반복될 가능성이 높습니다.

그러니까 우리는 그런 바이러스가 다시 오더라도 생존할 수 있는 길을 찾아놔야 합니다. 그렇게 봤을 때 이 '팡'이라는 기업들은 인류의 문명을, 나의 비즈니스 모델 자체를 디지털 플랫폼으로 옮겨야 한다는 것을 보여주는 셈입니다. 그러려면 힘들지만 배워야 하는 거고요. 사실 혁명기란 게 힘들잖아요. 저는 지금이 우리가 구한말에서 그다음으로 넘어가는 시기와 같은 상황이라고 말해왔는데요.

지금이요?

구한말에 유교적으로 우리는 사대해야 한다면서, 머리 깎고 단발령 내리니까 광화문에 가서 읍소하고 난리가 났잖아요. 그때와 똑같은 상황이 아닐까요. 형식적으로 달라 보이면 두려움이 생기지만 마음속에서 문을 열기 시작하면 '이거 괜찮네' 할 수 있는 요소가 충분히 있다고 생각합니다.

그렇죠. 그런데 아무튼 이런 팡으로 대변되는 쪽은 성장해가는 반면, 그 반대되는 산업들은 위축될 거 아니에요.

최재붕

맞습니다.

예를 들어서 전자상거래가 커지면 백화점 같은 오프라인 거래는 아무래도 약화될 가능성이 크고요. 넷플릭스가 커진 다는 얘기는 극장은 어려워질 것이라는 얘기고. 그런 거죠?

맞습니다. 방송국 매출이 이미 절반 정도 떨어졌죠. 아직 공식 발표는 되지 않았습니다만 KBS 같은 경우 2019년 적자가 1,300억 원에 가까울 것으로 추정됩니다. 우리나라 국민 1,000명에게 저녁 7시면 어떤 매체를 보는지 설문조사를 했더니 56.7퍼센트가 유튜브를 본다고 대답했어요. 지상파가 18퍼센트, 그다음으로 케이블이 9퍼센트가 나왔습니다. 그러니까 TV가 27퍼센트밖에 안 되는 거예요. 그것도 TV 본다는 분들은 대부분 50대 이상이었고요.

요즘 젊은이들은 유튜브로 TV를 보죠.

맞습니다. 그러니까 과거의 생활 플랫폼들이 앞으로는 전부 다 바뀌게 될 겁니다. 그렇다면 그에 대비해서 제도 등을 좀 더 미래에, 이른바 '정해진 미래'를 위해서 준비해야 하는 게 지금 어른들이 해야 할 일이라고 생각합니다.

이번에 코로나19 사태가 시작되자마자 대학생이 코로나앱을 직접 만들어서 무료로 뿌리고 그랬잖아요. 대단한 거 아닙니까?

디지털 문명에서 배웠기 때문입니다. 대학생들 대부분이 온라인 커뮤니티에서 IT 프로그래밍 기술을 배웁니다. 90개 대학이 참여하는 '멋쟁이 사자처럼'* 이라는 동아리도 있고요. 그 친구들이 실제 자원봉사를 통해서 교육 콘텐츠도 만들고 본인이 개발한 소스를 공개해서 서로 학습에 활용하고 있었죠. 그래서 메르스 때 개발했던 것들을 그대로 적용해서 단 하루 만에 코로나 확진자들의 이동 경로를 지도상으로 보여주는 앱을 개발한 거예요. 질병관리본부에서는 텍스트로 "환자들이 여기 있어요, 동선은 이렇습니다."라고 발표하는 게 표준이에요. 이것이 대한민국 표준인데 그걸 보는 순간 이 포노사피엔스들은 '국민이 진짜 편하려면 지도 기반의 앱이 필요하겠다'라고 반응한 거죠. 생각의 표준이 다른 거예요.

> **● 멋쟁이 사자처럼**
> 2013년 프로그래머 이두희가 설립한 프로그래밍 교육단체. 컴퓨터공학 비전공자들도 프로그래밍 기초 지식을 배워 자신만의 웹서비스를 만들고 꿈을 실현할 수 있도록 돕는 것에 목표를 두고 있다.

완전 다르네요.

완전 다르죠. 앞으로 준비해야 할

최재붕

것은 그 완전 다른 표준을 가능하면 빨리 우리한테도 접속해서 바꿔주자는 겁니다. 그렇게 해야 앞으로 이런 팬데믹이 오더라도 쇼크를 줄일 수 있고, 사회가 더 건강하게 갈 수 있는 길이 열리는 거죠.

생각의 표준은 바뀌었는데 사회 시스템이 따라가지 못해

이번에는 이런 변화들에 국가마다 어떻게 대처하는지 비교해볼까요. 우리나라의 수준은 어떻다고 보세요?

일단 물류시스템이나 IT를 활용하는 개인의 능력 면에서는 우리나라가 세계 최고 수준입니다. 실제로 인구의 95퍼센트 이상이 스마트폰을 쓰고 있고요. 그걸 배우고 학습하는 능력은 굉장합니다. 하지만 다음과 같은 문제점이 있죠. 그러니까 국민의 표준, 일상의 표준은 바뀌었는데 제도가 그걸 뒷받침하지 못하는 거예요. 특히 제가 주목하는 게 정치인데 정치가 전혀 거기에 동조하지 않는 것 같습니다. 예를 들어 한국은행의 2018년 발표에 따르면 우리나라에서 모바일뱅킹을 쓰는 사람이 60퍼센트 정도 됩니다. 이용률이 50퍼센트를 넘는다는 건 이미 표준이 되었다는 거죠. 앞으로 10년 후면 80퍼센트가 될 게 명백합니다. 하지만 정부에서는 아직도 데이터나 개인정보 같은 것들을 가능하면 다 막아놓습니다.

　개인정보 보호, 이런 차원에서 말이죠.

　네 그렇습니다. 제가 재미있는 분석을 하나 해봤습니다. 국회의원 나이를 보니까 평균 연령이 55.5세로 저하고 비슷하더라고요. 대부분 원내대표나 리더들이 정당에서 입법을 주도하죠. 50대의 스마트폰뱅킹 이용 비율을 보면 50.1퍼센트이고, 60대는 18퍼센트예요. 그리고 70대가 6퍼센트입니다. 이런 국회의원들 입장에서는 우리나라에 아직 디지털 문명이 오지 않았다고 판단하니까 규제를 하는 거죠.

　사실 우버나 타다 같은 것들은 성인이 이용하는 거니까 조금 불편해도 괜찮아요. 제일 심각한 게 이번에 드러났지만 아이들 교육입니다. 지금까지 교육에 관한 가장 큰 이슈를 꼽자면 작년에 있었던 정시 확대로 인한 공평성 문제를 들 수 있죠. 하나 더하자면 역사교과서 기술 문제가 있었고요. 그런데 한 번도 온라인 교육 인프라를 갖출 준비를 해야 된다는 얘기가 나온 적이 없어요. 어느 정치인도, 어느 정당도 그런 얘기를 하지 않았습니다.

　　　　　　　　　　　　　　　　　　　　　　　최재붕

국가적 쟁점으로 올라온 적이 없었죠.

그런데 이번에 보세요. 지금 아이들은 유튜브로 온라인 학습을 해요.

사실은 이미 하고 있죠.

심지어 학원가에서는 이미 그게 일상이 됐어요. 일타강사라고 들어보셨나요? 이분들 연봉이 100억 원이 넘습니다. 왜냐하면 수십만 명의 아이들이 그 강사가 움직이면 따라간다는 겁니다. 진짜 자기를 잘 가르쳐줄 사람을 선택하는 것이 아이들 문명의 기준인 셈이죠.

그런데 학교는 이 온라인 교육이나 콘텐츠에 대해서는 하나도 준비를 안 해 놨어요. 이번에 어떤 선생님들은 과제만 내주고 "내일 내세요."라고 포스팅만 올렸다고 해요. 왜 그렇게 했냐고 물어봤더니 온라인으로 강의하는 것을 학부모들이 보면 창피할까 봐 부담이 돼서 녹화도 못 하고 과제만 올린다는 겁니다. 이렇게 준비가 안 돼 있으면 아이들에게 공교육이 왜 필요한가에 대해서 질문하기 시작할 겁니다. 결국 문제는 거기에서 오는 거죠.

그렇게 되겠네요. 대학도 온라인 강의로 다 바뀌고 있죠. 그러니 '내가 굳이 대학에 가서 비싼 등록금 내야 해? 필요하면 내가 알아서 여기저기 찾아서 공부하면 되지.' 이런 생각도 하게 되겠네요.

맞습니다. 아이들 생각의 표준이 바뀌면 사회 전체 시스템의 붕괴가 일어납니다. 이걸 미리미리 준비하고 같이 잘할 수 있도록 하지 않으면 굉장히 큰 갈등이 일어나고 위험이 닥칠 수 있다는 거죠.

여기저기에서 학교가 불필요하다는 얘기들이 계속 나오면요. 4차 산업혁명을 얘기할 때 우리가 걱정했던 '일자리가 사라지는 일'이 가속화되지 않을까요?

그렇죠. 미국이나 중국은 먼저 시행을 했어요. 왜냐하면 청년층이 일할 자리를 만들어놓아야 앞으로 사회를 건전하게 이끌 수 있기 때문이죠. 사실 공짜는 없는 법입니다. 무슨 얘기냐 하면, 어떤 것을 막아서 그 일자리를 지키는 동안에 젊은 사람들은 일자리를 얻지 못할 수 있습니다. 예를 들어 미국에 멋진 플랫폼 사업이 있어서 한국시장에 진출해보려고 했더니 안 되는 거예요. 우리나라에서는 불법이거든요. 그럼

다 떠나겠죠. 20년 동안 지켜놓으면 어떻게 되겠습니까? 결국 20년의 공백이 생기는 거예요.

새로운 문명은 새로운 일자리를 만들어낸다

혁신을 가로막는 규제를 근본적으로 바꿔야 한다는 말씀을 거듭하고 계신데요. 그러다 보면 소외되고 쇠퇴해가는 산업과 일자리를 잃는 사람들이 생기지 않을까요?

아마존 같은 경우가 유통의 일자리를 거의 다 뺏고 있는 거죠. 그런데 재미있는 게 있어요. 아마존에서는 직원들을 계속 모아서 교육을 시켜요. 자기네들 시스템이 계속 업그레이드되니까 디지털 플랫폼 활용 교육을 시키고, 물류센터에서 로봇 활용하는 방법을 교육시키는 거죠. 그러면서 계속 새로운 일자리에 적응할 수 있도록 만드는 겁니다. 아마존에서 그게 실현이 되면 다른 물류사업으로도 퍼져나가겠죠. 결국 우리의 생활 공간이 바뀌고 인류의 문명이 바뀐다면, 그에 대비할 수 있는 자본을 축적하면서 그쪽으로 옮겨가도록 해야 한다는 거예요.

연 매출 2억 원에 직원이 세 명인 막걸리 회사가 있어요. 사정이 어려워 사장님이 문을 닫으려고 하니 아들이 "우리 막걸리 맛이 좋고 괜찮으니 제가 한 번 살려보겠습니다." 하고 뛰어든 거죠. SNS 마케팅을 했더니 딱 10년 만에 매출이 100배로 늘어났습니다. 200억 원으로요. 그러면서 직원도 확 늘었어요. 막걸리는 전통산업이잖아요. 거기에 포노 사피엔스의 문명을 적용하니 길이 열린 거죠. 미국과 중국도 청년 실업률이나 전체 실업률이 늘지 않았어요. 없어지는 일자리를 걱정할 일이 아니라는 얘기입니다. 새로운 문명을 통해 새로운 일자리를 계속 만들어야 수급의 균형을 맞출 수 있다는 거죠.

실제로 1, 2, 3차 산업혁명 때마다 우려했던 부분이 일자리가 줄 것이라는 예측이었는데요. 역사적으로 일자리는 계속 늘었고 소위 질 좋은 일자리 또한 계속 증가했다는 것이 정확한 사실입니다. 동시에 노동 시간도 줄었습니다. 주 5일 근무에서 앞으로는 재택근무에 주 3~4일 근무가 표준이 될 거라는 예측도 있습니다. 여기에서 문제는 준비하지 않으면 사라진다는 겁니다. 새로운 일자리를 애써 만들지 않으면 없어지기만 할 뿐 저절로 만들어질 수는 없습니다. 지금이 아주 중요한 시기입니다.

최재붕

"

포노 사피엔스의 문명을 적용하니 길이 열린 거죠. 없어지는 일자리를 걱정할 일이 아니라는 얘기입니다. 새로운 문명을 통해 새로운 일자리를 계속 만들어야 수급의 균형을 맞출 수 있다는 거죠.

"

그리고 첨단이냐, 전통이냐를 가릴 것 없이 전통산업 내에서도 디지털화의 혁신이 가능하다는 거죠?

네, 충분히 가능합니다.

어디에서든지 플러스 알파로 해야 한다.

맞습니다.

그거 자체가 참 부담이잖아요.

종종 그런 얘기를 하시는데요. 그럴 때마다 제가 드리는 말씀이 있습니다. 중국 상하이의 걸인들은 깡통에 QR코드를 붙입니다. QR코드로 돈을 받는 거죠. 스마트폰에 기반한 계좌로 생활한다는 뜻입니다. 우리라고 왜 못 할까요. 저는 익숙하지 않은 것에 대한 두려움 때문이라고 생각합니다.

이제는 하기 싫어도 해야겠죠?

맞습니다. 우리나라 60대 이상 분들이 대부분 디지털 문명에 익숙하지 않고 어려워합니다. 어쩌면 당연한 일입니다. 제가 1960년 우리나라 1인당 국민소득을 봤더니 80달러더군요. 아프리카 우간다와 당시에 똑같이 출발한 겁니다. 그렇다면 1960년대에 태어나신 분들은 어린 시절을 아프리카 우간다에서 보낸 것과 같다는 겁니다. 그런데 지금 보세요. 환갑이 된 이분들이 60년 만에 우리나라를 세계 5위의 제조 강국으로 올려놨고, 국민소득 3만 달러 시대를 열었습니다. 현대 인류 100년 역사에 비교할 대상이 없는 기적을 만든 것이죠. 그러니까 지금의 60대는 보호하고 지키는 데 익숙한 세대가 아니라, 인생 자체가 엄청난 도전으로 점철된 분들이라는 겁니다. 이런 분들이 디지털 문명, 스마트폰 생활, 이거 하나 적응 못 할 리가 있을까요?

저는 마음의 문을 닫은 게 문제라고 생각합니다. 젊은 애들한테 배워야 하니 자존심이 상하는 거죠. 배운다고 또 잘 쓸 수도 없고, 자꾸 물어봐야 하니 짜증이 나는 겁니다. 이런 거 배우지 않아도 사는 데 아무 지장 없더라, 그래서 난 안 배운다, 이러는 거죠.

그런데 이번에 코로나19를 겪어보니 어느 쪽이 더 건강하고 안전하게 이 위기를 넘길 수 있는지 답이 나왔습니다. 그렇다면 어른들이 나서서 바꿔야지요. 더구나 40억 이상의 인류가 동참하는 새로운 문명이라면 고집을 버리고 이제 배워야 하지 않겠습니까. 어른들이 마음의 표준만 바꿔준다면 저는 금세 바뀔 거라 생각합니다. 오늘 내 마음의 표준을 바꾸는 일이 우리나라의 미래, 우리 아이들의 미래를 바꾸는 가장 중요한 일입니다.

최재봉

포스트 코로나 [4]

새로운 체제

홍기빈

"지구 자본주의 떠받들던
4개의 기둥 모두 무너져"

만들어진 미래 아닌, 만들어야 할 미래는 무엇인가

홍기빈

서울대학교 경제학과를 졸업하고, 동 대학원 국제정치경제학 석사 과정을 마쳤으며 캐나다 요크대학 대학원 정치학과에서 박사 과정을 수료했다. 금융경제연구소 연구위원을 거쳐 현재 칼폴라니사회경제연구소(KPIA) 연구위원장과 글로벌정치경제연구소 소장을 맡고 있다.

여러 매체에 지구정치경제 칼럼을 기고하고 있으며 칼 폴라니, 소스타인 베블런 등에 근거한 대안적 정치경제학 마련과 신자유주의적 지구정치경제 체제의 변화 과정 포착을 연구 주제로 삼고 있다. 저서로 《살림/살이 경제학을 위하여》, 《비그포르스, 복지국가와 잠정적 유토피아》, 《소유는 춤춘다》 등이 있고, 역서로 《차가운 계산기》, 《경제인류학 특강》, 《돈의 본성》, 《거대한 전환》, 《카를 마르크스》, 《칼 폴라니 - 왼편의 삶》, 《21세기 기본소득》 등이 있다.

산업의 지구화, 생활의 도시화, 가치의 금융화, 환경의 시장화, 모든 것이 무너졌다. 코로나19 사태 이후, 지구적 자본주의 문명을 떠받쳐온 4개의 체제가 흔들리면서 문명은 완전히 새로운 방식으로 바뀐다. 전문가들은 코로나19 사태 이전의 세계는 잊어야 한다고 말한다. 옛날 같은 지구, 옛날 같은 가치사슬은 없다. 금융이나 민주주의가 작동하는 방식 또한 달라진다. 어떤 역사에도 없는 새로운 길을 우리는 한 걸음, 한 걸음 나아가는 수밖에 없다.

홍기빈 소장은 이토록 불확실한 상황에서 우리가 미래를 대하는 방식은 '결단'이라 말한다. 어떤 가치를 중시할 것인가. 어떤 미래를 만들어야 하는가. 어쩌면 지금이야말로 우리가 꿈꾸던 대안적 질서와 체제를 제대로 구현할 기회인지도 모른다.

흑사병에 비견, 코로나 이후 문명 전체가 바뀐다

유례 없는 위기 상황을 현 시장경제체제로 극복할 수 있겠느냐는 의문과 함께 대안이 필요하다는 논의가 나오고 있습니다. 칼폴라니사회경제연구소 홍기빈 소장님과 현 체제의 대안을 모색해보기에 앞서 칼 폴라니에 대한 소개 부탁드리겠습니다.

칼 폴라니*는 20세기에 활동했던 헝가리 출신의 경제사상가입니다. 전통적인 경제 사조에 반대한 것으로 유명하죠. 시장근본주의적인 경제학에 대해서 가장 강력하고 체계적인 대안 경제 사상을 제시했던 사람이에요. 그래서 21세기 이후 대안적인 미래의 경제 질서나 사상을 만드는 데에 초석을 만든 사람이라는 점에서 많은 관심을 모으고 있습니다.

시장근본주의에 대한 문제 제기라면 결국 정부의 개입, 국가의 개입, 또한 정치적, 민주적 장치의 개입 같은 걸 얘기하는 건가요?

국가가 해답이라고 보지는 않았습니다. 국가와 시장과 사회가 조화를 이루는 다원적 경제 질서를 원했습니다. 핵심은 사람과 화폐, 자연을 상품으로 만들어서는 안 된다, 사회를 복원해야 한다는 생각이고요. 이런 관점으로 대안적 경제 질서를 만들려고 했던 사람입니다.

> ● **칼 폴라니**Karl Polanyi(1886~1964) 헝가리 출신의 경제사상가. 1908년 헝가리 지식인 그룹인 갈릴레이 서클의 초대 의장을 지내며, 헝가리 혁명에 주도적인 역할을 했다. 이후 영국으로 이주하여 기자로 일했으며, 이때 전통적인 신분 계급에 억압된 노동자의 현실과 시장사회에 대한 혐오감을 갖게 되었다고 한다. 1940년 미국으로 이주, 베닝턴대학교에서 객원교수를 역임했고, 1944년에 서구의 시장체계를 분석한 대표 저서인 《거대한 전환》이 출간되었다. 세계 금융 위기가 지속적으로 반복되고 신자유주의 경제체제가 한계에 부딪히면서, 이를 넘어설 수 있는 대안으로 폴라니의 문제의식이 각광받으며 경제민주주의 운동의 기반이 되었다고 평가받는다.

그렇군요. 현재 칼폴라니사회경제연구소에서 소장으로 일하고 계신데요. 소장님께서는 코로나19 사태를 어떻게 규정하고 계십니까?

이번 사태로 저희보다도 유럽에

홍기빈

있는 사람들이 더 많이 타격을 받고 더 크게 충격을 받았잖아요. 유럽에 있는 제 지인들은 대부분 학자나 지식인들인데요. 그들과 코로나19에 대해 얘기를 해보면 14세기 유럽의 흑사병과 비교를 많이 합니다.

흑사병과 비교될 정도인가요?

사상자 숫자는 물론 비교가 안 되죠. 14세기에는 인구의 거의 절반이 죽었으니까요. 그런데 워낙 유럽 사람들이 이번에 충격과 비극을 느끼면서 우리 삶의 방식을 근본적으로 뒤바꿀 사건이라는 점에서 같다고 보는 겁니다. 14세기 유럽 흑사병 이후 15세기에 들어서는 이탈리아 북부에 공화국이라고 하는 새로운 형태의 정치체제가 나타났죠. 또한 복식부기나 자본주의적인 회계 방식이라는 새로운 경제 조직도 등장했고요. 미술, 문학, 종교에서도 아주 근본적인 변화가 벌어졌거든요. 코로나19 이후에도 이 정도로 문명 전체가 완전히 새로운 방식으로 바뀌지 않겠느냐, 이렇게 받아들이고 있습니다.

문명 전체가 바뀔 거라고 보는 이유는 뭘까요?

지난 40년 동안 지구적 자본주의 문명을 떠받치던 구조들이 다 무너지고 있기 때문입니다.

자본주의 문명 떠받치던 4개의 구조

지난 40년 동안 현 체제를 지탱해온 기본 구조, 그게 무너지고 있고 그 증거가 바로 코로나19 사태라는 말씀인가요?

그렇습니다. 네 가지 정도를 얘기해볼 수 있는데요. 지구화, 도시화, 금융화, 생태 위기입니다.

첫 번째로 '산업의 지구화'에 대해서 말씀드려 보겠습니다. 전 세계적으로 사람들이 왕래한 지는 오래됐습니다. 그런데 생산의 산업 과정, 이른바 가치사슬이라고 하는데 이 산업 과정이 전 지구적으로 연결된 지는 40년밖에 되지 않았습니다. 비근한 예로 얼마 전에 미국 사람들이 휴지가 없어서 아침마다 화장실에서 고통을 당한 적이 있는데요. 사람들이 화장지 회사에 언제 생산이 되냐고 물어보면 모른다고 대답했다고 합니다. 중국에서 재료가 와야 하는데 그걸 알 수가 없기 때문이에요. 이런 지구화라고 하는 것이 지난 40년 동안 벌어진 겁니다.

홍기빈

다음으로 '생활의 도시화'가 있습니다. 단순히 도시가 커졌다는 게 아니고요. 지구적으로 거대 도시 몇 개가 나타난 다음에 이 거대 도시들끼리 아주 긴밀한 네트워크를 맺습니다. 그런 점에서 홍콩은 뉴욕과 더 가깝지 중국 농촌과 더 가깝지는 않습니다.

멋있는 표현이네요. 거리상으로는 중국 농촌과 가깝지만 사실은 뉴욕과 가깝다.

시간도 훨씬 덜 걸리죠. 도시들이 거대해지고 네트워크가 강해져서 지금 세계 인구의 절반이 도시에 살고 있습니다. 역사상 처음 있는 일입니다. 더 중요한 것은 도시에 살지 않는 사람들도 도시와 관계를 맺어야만 일상생활이 가능하다는 점입니다. 지방에 계신 분들도 큰 병에 걸리면 큰 도시에 와서 병원을 가는 게 도시화의 한 예라고 할 수 있습니다.

세 번째, '가치의 금융화'는 아주 복잡한 개념입니다. 핵심만 말씀드리면 산업활동과 사회를 조직하는 기본 원리가 만사 만물을 다 금융자산으로 바꾸고, 그 금융자산의 가격을 계산해서 조정합니다. 그 가격을 산정하는 기능을 금융시장, 자본시장에 맡기는 게 바로 현대자본주의의 조직 원리예요.

좀 더 쉽게 말하면 경제의 중심에 금융이 있다는 거죠?

그렇죠. 그래서 어떤 회사의 주가가 올라가면 그 회사는 사람을 더 고용할 수가 있고 주가가 떨어지면 사람 해고해야 하는 거죠. 그런데 말씀드린 도시화와 금융화가 지구화랑 맞물려 있는데요. 코로나19가 전 세계로 퍼진 이유가 이 세 가지와 관계가 있습니다.

지구화, 도시화, 금융화는 어떻게 코로나19 사태를 부추겼나

그렇죠. 우선 글로벌라이제이션globalization(세계화) 현상이 없었으면 이렇게 급속도로 대륙과 대륙을 넘어가서 확진자가 생기지 않죠.

그럼요. 예를 들어 중국 우한에서 2019년 12월 어느 날 환자가 생겼는데 다음해 4월에 이탈리아가 쑥대밭이 되지 않습니까? 옛날 같았으면 우한 근처에서 돌다가 끝났을 거예요.

도시화 때문에 집단 발병, 급속 확산이 발생하는 거고요.

홍기빈

네, 그리고 싱가포르에서는 다시 감염이 시작됐죠. 아시아에 있는 싱가포르나 홍콩, 서울도 마찬가지입니다만, 도시와 거대 도시가 생기면 단위 면적의 인구밀도가 굉장히 높아지고, 그 단위 면적의 수익성이 무지막지하게 높아집니다. 부동산 가격 상승으로 나타나는 거죠. 이게 뭘 의미하냐 하면 사회적 거리두기가 사실상 불가능해진다는 겁니다.

그럼 금융화는 어떻게 연결되는 겁니까?

모든 사회적 자원을 돈의 논리로 자산가격화 하는 게 금융화입니다. 국가정책, 교육, 의료와 같은 공공 부문도 돈의 논리, 금융 논리에 따라 재조직하는 거죠. 그러다 보면 의료체계와 복지체계가 취약해집니다. 그러면서 약자들의 희생이 커질 수밖에 없는 게 바로 지금의 상황입니다.

이런 산업 조직을 금융시장에 맡긴다는 건 어떤 믿음을 깔고 있는 건데요. 금융시장에 있는 금융투자가들이나 투자기관들이 모든 데이터와 모든 수리 모델을 활용해서 미래에 어떤 일이 벌어질지 거의 정확하게 예측할 능력이 있다는 믿음을 전제로 합니다. 가령 이 금융기관들이 미래에 벌어질 일이 어떤 종류의 사건인지 알아보려면 과거 역사적 데이터에서 찾아야 합니다. 그것을 기반으로 예측 모델을 작성해야 하는데요. 그런데 지금 벌어진 이 사태는 비슷한 역사적 데이터를 찾을 수가 없지요. 그래서 코로나19 사태가 경제적으로 어느 정도의 충격을 가져오고 사회적, 정치적으로 어떤 문제를 야기할지 예측할 수 있는 기능을 발휘하지 못하는 겁니다.

금융기관에서 일하던 지인 한 분이 한 달 전에 이렇게 푸념을 하더군요. "6개월 정도 금융시장을 닫았으면 좋겠다. 할 수 있는 게 없다." 이 경우에 어떻게 되느냐면 금융의 배분이라든가 경제활동의 조직 같은 것을 국가재정이 떠맡거나 국가 관료기구가 개입할 수밖에 없습니다. 그래서 지난 40년 동안 경제를 작동시켰던 이 금융화라는 것을 '신자유주의적 금융자본주의'라고도 말합니다. 지금 기능이 거의 정지돼버린 거지요. 그리고 네 번째로 환경의 시장화, 생태 위기가 있습니다.

인간이 자연을 파괴하고 들어가다 보니 그 결과가 기후 온난화, 기후 이변, 그다음 질병으로 오는 거 아니냐, 그런 거 아닌가요?

이미 말씀하셨으니 하나만 더 지적하자면 이렇습니다. 보통 생태 위기가 나타나는 양상이라고 하면 사람들은 재난

홍기빈

영화 같은 걸 상상합니다. 그게 아니고 이렇게 코로나19처럼 도저히 인과율을 예측할 수 없는 방식으로 불현듯 덮칩니다. 비슷한 사태로 2019년 호주 산불이 있죠.

지구화, 도시화, 금융화, 이 세 가지는 모두 생태적 환경에 대한 무한적인 착취를 전제로 했을 때만 가능한 일입니다. 그 결과 지금 우리가 전대미문의 생태적 위기를 겪고 있고요. 하지만 이번 코로나19 사태를 계기로 삼아 더 이상은 지난 40년간 해왔던 것처럼 무작정 자연을 활용하고 이용하고 착취하는 행태는 안 됩니다. 여기에 대해서는 규제와 제한이 훨씬 더 강해질 겁니다.

이제는 예전으로 돌아갈 수 없다

그런데 지구화, 도시화 이런 과정을 통해서 세계경제가 그나마 성장하고 많은 사람들이 먹고살아온 거 아닙니까. 이제 코로나19가 닥치니까 이대로 계속 가서는 안 된다는 것까지는 알겠어요. 그렇다면 이대로 지구화의 반대로, 도시화의 반대로 가는 건가요? 그럴 경우 경제가 잘 돌아갈까요? 사실 여기에서부터 막막하거든요. 어떻게 해야 하는 건가요?

우리말로 번역이 잘 안 되는 영어 표현이 하나 있는데요. '비즈니스 애즈 유주얼business as usual'이라는 말이 있어요. '그전에 하던 대로' 이렇게 표현할 수도 있겠네요. 그러니까 지금 코로나19 사태를 바라보는 사람들이 맥이 빠지는 게 그거예요. 뭔가가 크게 바뀌어야 할 것 같기는 한데 30~40년 동안 살아왔던 방식을 포기하자니 막막하거든요.

제 질문이 그거예요.

그래서 자꾸 '되찾자'라는 얘기들이 나온단 말이에요.

일상으로 되돌아가자, 그런 거죠.

일상으로 되돌아가자. 여기에 좀 부드러운 버전이 있고, 좀 센 버전이 있습니다. 좀 부드러운 버전은 스웨덴 버전이죠. 스웨덴이 집단 면역 실험을 한다는 오해도 있었습니다만, 그건 아니었고요. 정부가 아주 강력하게 록다운, 즉 봉쇄 정책을 택하지 않았지요.

네, 스웨덴은 시민들의 자율성을 바탕으로 일상을 유지하게 했죠.

홍기빈

왜 그렇게 했을까, 여러 가지 추측이 있습니다. 가장 중요한 것이 스웨덴은 성장과 복지가 같이 가야 하는 시스템이기 때문에 경제가 조금이라도 멈추면 사회가 붕괴할 위험이 있다는 건데요. 그래서 정부가 이 점을 굉장히 두려워했을 거라고 추측할 수 있습니다.

좀 센 버전으로는, 2020년 4월 미국 텍사스주의 부지사가 이런 말을 했습니다. 말 자체가 과격하긴 한데요. "늙은이도 좀 희생해라. 젊은 애들이라도 먹고살아야 할 게 아니냐. 이러다 경제 다 망한다. 그러니까 늙은이들이 병 걸려 죽을 각오하고 좀 나와라." 이렇게 말했습니다. 비즈니스 애즈 유주얼, 하던 대로 돌아가고 싶은 마음, 현 상황에 대한 공포에서 나온 거예요.

되돌아가고 싶은 거죠.

그런데 과학자들이나 관련 전문가들이 이 사태가 가라앉으려면 1년에서 3년 정도 걸릴 거라고 말하죠. 치료제나 백신이 나오거나 아니면 인류의 60퍼센트가 걸려야 한다고요. 그리고 그 이전 세계는 잊어버리는 게 좋을 것이라는 이야기도 하고요.

그러니까 즉 비즈니스 애즈 유주얼로 못 간다는 말씀이지요?

그렇습니다. 못 간다는 거죠. 말씀드린 대로 도시화도 옛날 같은 도시화는 불가능하고요. 옛날 같은 지구와 가치사슬은 다 바뀌고 있어요. 그리고 금융이나 민주주의가 작동하는 방식도 바뀌기 때문에 우리는 지금 그러니까 지도에 없는 영역으로 한 걸음, 한 걸음 나아가는 수밖에 없을 겁니다.

그렇다면 우리의 대안체제는 무엇인가

지도에 없는 영역이기 때문에 대안적 체제가 무엇인지에 대해서는 지금 말하기 어려운 건가요? 그냥 지구화 이대로는 안 돼, 도시화 이대로는 안 돼, 여기까지인 건가요?

아닙니다. 말을 해야 하고 말을 할 수 있습니다. 여기서 한 가지 말씀드리고 싶은 게 있는데요. 두 가지 미래가 있습니다. 혹시 옛날 영문법 시간에 배웠던 의지미래, 단순미래 기억나세요? 이처럼 하나는 단순히 예측해야 하는 미래가 있고요. 또 하나는 우리가 마음을 굳게 먹고 만들어나가야 하는 미래가 있습니다.

홍기빈

앞으로 단순미래는 불가능합니다. 예측이 불가능하기 때문이에요. 아까 말씀드렸지만 대부분의 구조가 멀쩡히 있는 상태에서 몇 가지가 바뀔 때는, 우리가 예측할 수가 있어요. '다른 조건이 동일하다면'이라는 전제를 놓고 모델을 만들어서 미래에 투사해볼 수가 있는 거죠. 하지만 구조 자체가 바뀔 때는 그런 일이 불가능하기 때문에 예측이 불가능합니다.

아까 금융화에 대해 설명하시면서도 그런 얘기를 하셨잖아요. 예측을 못 하기 때문에 금융시장에서 어떤 주체들이 어떤 역할을 해야 할지 방향을 못 잡겠다는 거 아닌가요. 지금 그런 현상이죠?

예측이 안 되는 상황에서 우리가 미래를 대하는 방식은 '결단'입니다. 우리가 이 상황에서 어떤 가치를 중요시하고 어떤 식의 미래를 우리가 만들고 싶은가? 이처럼 우리의 이성과 양심으로 되돌아가서 어떤 미래를 만들지, 그 그림을 우리 스스로 결단하고 만들어야 합니다.

우리가 목표 지점을 정해 놓고 그곳을 향해 가자, 이런 건가요?

그렇죠. 이번에 이탈리아에서 장비가 부족하니까 가망 없는 환자들은 포기해버린 일이 있었습니다. 너무나 슬픈 일입니다. 여기서 우리가 미리 논의하고 준비해두어야 하는 원칙이 있습니다. 어떤 상황에서 자원이 부족할 때 그것을 어떤 원칙으로 배분할 것인가, 하는 것입니다. 그때는 현실 파악도 과학적 조사도 중요하지만 궁극적으로는 우리 모두가 합의하는 원칙이 가장 중요합니다.

제가 개인적으로 굳게 믿는 원칙을 한 예로 들자면 '누구도 다른 누구를 포기해서는 안 된다'는 것입니다. 모든 게 혼란스러울 때 마지막 나침반 역할을 할 수 있는 건 바로 이런 단순 명료한 가치입니다. 여기에서 몇 가지 원칙들을 도출할 수 있는데요.

포스트 코로나, 미래를 위한 3가지 원칙

미래에 우리의 목표로 삼아야 할 원칙, 첫 번째는 무엇인가요?

우선 '사회적 방역시스템'을 갖춰야 합니다.

홍기빈

사회적 방역시스템이라면 무슨 뜻일까요?

더 이상 건강이나 보건은 개인 차원의 문제가 아닙니다. 사회의 모든 구성원들이 서로 연대해서 배려하고 아끼는 차원에서 집단적으로 건설해야 하는 것임을 전 사회적으로 함께 인식해야 하죠. 이 인식을 기본으로 가장 취약하고 가장 먼저 고통받는 지역에 구조 역량을 우선 집중해야 한다는 원칙이 있고요.

방역시스템 앞에 '사회적'이란 말을 붙였듯이 단순히 보건의료행정에 국한되는 게 아니겠네요. 노동시장 같은 것도 다 포함되는 거죠?

그렇습니다. 사회는 바이러스 때문에 무너지기도 하지만 우울증이나 실업 때문에 무너지기도 합니다. 그러면 장기간 실업에 처한 사람이라든가 우울증에 걸린 사람들을 도와야 하는 거죠. 이것이 사회적 방역이에요.

두 번째 원칙으로는 뭐가 있나요?

경제활동 조직을 시장경제에만 맡겨야 한다는 도그마에서

이제 좀 풀려나야 합니다. 직설적으로 말씀드리면 지금 미국 등 주요 선진국에서 실업률이 20퍼센트를 육박할 가능성에 대해 얘기하는데, 이건 사회가 그야말로 폭발할 지경을 말하는 겁니다.

그런데 당분간 노동시장에서 20퍼센트를 소화하지 못한다면 고용보장제 같은 제도를 생각할 수 있습니다. 미국 일부 학계에서 지금 논의를 하고 있는데요. 전체 경제시스템의 3퍼센트, 우리나라로 따지면 약 30조 원 정도가 되겠죠. 30조 원에서 40조 원 정도의 돈을 써서 일자리를 원하는 실업자들을 국가가 고용하는 겁니다.

어떤 고용을 하나요?

그건 국가가 일률적으로 정하지 않고 사회적 기업, 플랫폼 협동조합 등 여러 가지 경제 형태들과 협력할 수 있습니다. 지역에서든 아니면 좀 더 큰 차원에서든 사회적으로 소용이 있고 가치 있는 일을 할 수 있도록 돕는 거죠.

그게 30~40조 원이면 되나요?

홍기빈

보통 그 정도로 추산을 합니다.

연간 30~40조 원이면 실업자들을 다 고용할 수 있다는 거네요.

그렇죠. 이걸 고용보장제라고 합니다. 최저임금이죠. 최저임금에다가 기본 수당을 더하고요. 이렇게 하면 노동시장을 해치지는 않아요. 왜냐하면 고용주들이 기본 최저임금에다가 돈을 조금만 더 주면 고용을 할 수 있으니까요. 굉장히 획기적인 아이디어인데요. 우리는 지금 시험대에 올랐다고 할 수 있습니다. 과연 이런 대담한 정책을 제안할 용기를 갖고 있느냐 하는 거죠.

한 가지 원칙만 더 말씀드리겠습니다. 아주 근본적인, 문명의 기본적인 문제입니다만, 인간 역사에서 인간의 무한한 욕망을 무한히 긍정한 문명은 현대문명밖에 없어요.

소비가 미덕인 건 현대밖에 없죠.

그렇죠. 그리고 1년에 한 번씩 꼭 해외여행을 가야 한다고 생각하는 문명도 이 문명밖에 없습니다.

전부 새로 나온 거죠.

그런데 이런 무한한 욕망을 추구하는 원칙이 계속되는 한 생태 위기가 없어지지 않을 겁니다. 코로나19 위기도 누그러지지 않을 거고요. 현대문명의 가장 근간이 되는 이 원칙에 대해서 반성을 해야 됩니다. 우리의 욕망에 우리 스스로 질서를 부여할 수는 없는 것인가. 무한한 욕망을 계속 무한하게 긍정해야 하는가. 이 문제에 대해서 질문을 던져야 합니다.

어떤 분은 좀 심한 표현으로 "현대경제, 자본주의경제는 곧 쓰레기가 될 물건을 계속 생산해온 경제다."라는 말을 하기도 했어요. 무한한 욕망을 충족시키라고 부추기면서 과잉 생산, 과잉 소비, 과잉 쓰레기를 만들어왔던 게 아닐까요. 생태 파괴도 그렇고요.

그렇습니다. 에너지 위기도 있고, 기후 위기도 있잖아요. 사람들이 이걸 대체에너지로 해결하려고 하죠. 하지만 아무리 훌륭한 대체에너지를 개발하더라도 에너지를 줄여야 한다고 생각하지 않는 한, 계속 더 쓸 겁니다.

이번에는 삶의 자세에 대한 근본 성찰이 있었을 것 같아요.

홍기빈

전 지구적으로도, 개개인한테도요. 충격이 있었겠죠.

그렇게 믿고 싶습니다. 그런데 만에 하나, 아까 말한 '비즈니스 애즈 유주얼'처럼 그냥 옛날처럼 살자는 식으로 되면….

기업들이 무한 욕망 추구를 다시 또 부추기겠지요.

그렇죠. 그동안 참아왔던 소비 욕구를 한껏 발산합시다, 이럴 수 있죠.

우리가 어떻게 자제해야 할까요?

제 생각에 우선 경제가 그렇게 쉽게 회복되지는 않을 것 같습니다. 지금 경제가 어떤 막다른 골목에 와 있는 상황을 잘 활용해서 새로운 담론과 운동을 강하게 일으켜야 합니다. 무한한 경제 성장이 아닌 인간과 자연과 사회 모두가 좋은 삶. 이러한 방향으로 경제를 전환하자는 거지요.

그런데 지식인들이 사람과 사회와 자연을 조화롭게 하는 경제를 아무리 주장해도 안 먹히지 않나요?

"

지금 경제가 어떤 막다른 골목에 와 있는
상황을 잘 활용해서 새로운 담론과 운동을
강하게 일으켜야 합니다. 무한한 경제 성장이
아닌 인간과 자연과 사회 모두가 좋은 삶. 이
러한 방향으로 경제를 전환하자는 거지요.

"

이번에는 먹힐 거라고 생각합니다.

이런 원칙에 기초한 새로운 형태의 기업들도 등장할 수 있겠고요?

당연합니다. 앞서 고용보장제를 말씀드렸는데요. 어떤 식으로 운영되는지를 볼까요. 이를테면 지금 식당을 운영하는 자영업자들 중 손님이 줄어서 힘든 분들이 많잖아요. 이분들이 만약 도시락을 만들 수 있고 그 도시락을 배달해줄 사람이 있다면 장사를 더 잘할 수 있을 겁니다. 마을에서 도시락을 만들고 자전거로 배달해줄 사람들을 고용보장제를 통해 고용할 수 있다면요.

알겠습니다. 그와 같은 케이스들은 우리가 머리를 같이 맞대고 만들어야 겠죠.

맞습니다. 이제부터 만들어나가야 됩니다.

무한 욕망 추구라는 기존 철학과 방향, 그리고 지구화, 도시화 등 별 문제의식 없이 해오던 것을 멈추고 다시 한 번 생각해보자, 그거지요. 앞으로 모든 게 변할 것 같네요.

그럴 것 같습니다. 여기서 우리가 살아온 방식도 바꿔볼 게 있을 겁니다. 우선 매년 한 번씩 해외로 여행을 가서 공기를 더럽히고 돈을 쓸 필요가 있을까요? 가서 피사의 사탑을 꼭 손으로 만져봐야 할까요? 지하수고 암반수고, 심지어 빙하 녹은 물까지 플라스틱 통에 담아서 도시에서 마셔야 하겠습니까? 덴마크 사람들도 우리도 농사 짓고 돼지 기르는 것은 마찬가지인데, 단 몇백 원, 몇천 원이 더 싸다고 해서 우리 농산물을 덴마크로 보내고, 덴마크에서 돼지고기를 가져오다 보면 지구는 어떻게 될까요?

가장 중요한 문제가 있습니다. 우리가 원하는 삶의 질서는 무엇인가? 우리가 가진 욕구와 능력의 한계와 질서는 어떻게 만들어야 하는가? 유한한 인생인데 수십 년을 한없이 먹고 한없이 입다가 끝내고 싶은 사람은 없을 겁니다. 바이러스는 미물이지만 우리에게 인간과 이웃과 자연이 함께 지복을 누리는 '좋은 삶', 그걸 생각해보라는 메시지를 전하는 전령일지도 모르겠습니다.

홍기빈

세계관의 전복

김누리

"자본주의가 무너지거나,
자본주의가 인간화되거나"
세상을 향한 거대 프레임은 어떻게 달라지는가

김누리

중앙대학교 독어독문학과와 동 대학원 독일유럽학과 교수이며
독일 유럽연구센터 소장, 한국 독어독문학회 회장을 맡고 있다.
서울대학교, 독일 브레멘대학교에서 독문학을 공부했고, 독일 현
대소설 연구로 박사 학위를 받았다. 중앙대 독일유럽연구센터의
소장을 맡아 학술 및 교육, 문화 교류 활동을 활발히 펼치고 있다.
저서로 《우리의 불행은 당연하지 않습니다》, 《알레고리와 역사:
귄터 그라스의 문학과 사상》, 《통일 독일을 말한다》 3부작, 《통일
독일의 문화변동》(공저), 《통일과 문화》(공저), 《인권, 세계를 이해
하다》(공저) 등이 있다. 역서로 헤르만 헤세의 《황야의 이리》, 게
르하르트 슈뢰더의 《아직도 시간은 있다》 등이 있다.

야수자본주의에 안녕을 고하라. 미국 중심의 세계관을 폐기하라. 코로나19 사태는 세상을 바라보는 렌즈, 세계를 바라보는 프레임마저 바꿔놓았다. 당연하게 생각해온 것이 당연한 게 아니고, 견고해 보이던 것이 견고하지 않았다. 전 지구적 위기 앞에서 미국은 의료, 사회 등 총체적으로 무너지는 모습을 숨기지 않았다. 이제야 우리는 수십 년간 우리 눈을 덮어온 굴절렌즈를 벗고 냉정하고 차가운 프레임으로 미국과 세계의 움직임을 주시하게 되었다.

야수자본주의의 성난 본성 또한 달라졌다. 김누리 교수는 인간과 자연이 화해하는 방식으로 자본주의가 인간화되지 않으면 우리에게 22세기는 없을지도 모른다고 말한다. 인간과 자연, 인간과 인간이 화해할 수 있는 희망적 대안을 찾아나서야 할 때다.

세계를 이해하는 인식, 한국은 반세기 뒤처져 있다

우리가 당연하게 생각했던 것들을 낯설게 보게 하는 강의로 늘 신선한 충격을 주고 있는 중앙대 김누리 교수님과 함께하겠습니다. 교수님이 이번 대담의 제목을 '바보야, 문제는 생각이야' 이렇게 붙이셨다고요. 왜 이런 제목을 붙이셨어요?

코로나19가 여러 가지 변화를 가져올 텐데요. 결국은 생각, 인식의 변화가 가장 사실 근본적이고 중요하다는 생각이 듭니다.

구시대적 인식을 바꿔야만 변화에 적응할 수 있다는 말씀인가요?

꼭 구시대적이라기보다는, 저는 지금 한국인들이 갖고 있는 인식이 보편적인 이 세계 또는 근대를 이해하는 데 대체로 반세기 정도 뒤처져 있다고 봅니다. 이는 우리가 68혁명*을 경험하지 못했기 때문이라 생각합니다.

유럽의 68혁명 말씀이신가요? 유럽의 인식에 비해서 우리가 뒤처져 있다?

꼭 유럽만은 아니고요. 세계적 흐름에서 뒤처진 것이죠. 68혁명은 프랑스 파리에서 불붙었지만, 곧 세계로 퍼져나갔어요. 베를린, 로마, 바르셀로나, 리스본으로 번졌고, 철의 장막을 넘어서 프라하, 부다페스트, 바르샤바로 옮겨붙었어요. 다시 도버 해협을 건너 영국의 런던으로, 대서양을 건너 뉴욕으로, 미 대륙을 횡단하여 샌프란시스코와 LA에도 불이 붙었고, 다시 태평양을 건너 도쿄까지 이른 건데요.

그러나 철통같은 반공국가 대한민국 해협을 건너지는 못한 거죠. 저는 한국만 예외적으로 68혁명의

> **● 68혁명**
> 1968년 5월 프랑스에서 일어난 사회 변혁 운동. 샤를 드 골 정부의 실정과 사회의 모순으로 인한 저항 운동, 노동자들의 총파업 투쟁이 더해지면서 프랑스 전역에 권위주의와 보수체제 등 기존의 사회에 강력하게 항거하는 운동이 일어났다. 68혁명을 계기로 프랑스에서는 평등, 성해방, 인권, 공동체주의, 생태주의 등이 사회의 주된 가치로 자리매김했다.

김누리

영향이 닿지 않았다는 게 한국 현대사에서 정말 중요한 사건 중 하나라고 생각합니다. 이런 '한국 예외주의'가 이 나라를 세계적 흐름에서 반세기 정도 뒤처지게 했다고 보기 때문인데요.

총체적 미국화의 현실

어떻게 보면 아픈 이야기지만 우리에 대해서 좀 비판적으로 성찰할 필요가 있다고 봅니다. 그 내용은 이런 거죠. 이번에 저희가 코로나19를 겪으면서 가장 충격적으로 생각하는 게 우선 미국에 대한 생각입니다. 그러니까 미국관요.

미국은 뭐든 잘하는 나라인 줄 알았는데 엉망이잖아요.

미국이 저렇게 무너지는 것을 보면서 가장 큰 충격을 받은 나라가 한국이고, 가장 큰 충격을 받은 국민은 한국인일 거예요. 대체로 유럽에서는 미국에 대해서 상당히 비판적인 시각이 넓게 퍼져 있어요. 하지만 한국에서는 사실상 미국에 대한 비판적 시각이 거의 없잖아요. 그래서 어떤 학자는 전 세계에서 가장 반미주의가 약한 나라, 거의 없는 나라라고 이

"

　우리에 대해서 좀 비판적으로 성찰할 필요가 있다고 봅니다. 이번에 코로나19를 겪으면서 가장 충격적으로 생각하는 게 미국에 대한 생각입니다. 한국에서는 사실상 미국에 대한 비판적 시각이 거의 없었거든요.

"

야기할 정도예요. 우리에게 선망의 대상이었고 우리가 앞으로 선진국이 된다면 따라가야 할 나라라고 생각했던 미국이 저렇게 처참하게 무너지리라고는 생각 못 한 거죠.

사실 미국인의 절반 이상이 제3세계 수준의 삶을 산다는 것, 게다가 생존과 생명 문제가 걸려 있는 상황에서 이들을 지켜줄 공공의료시스템이 없다는 걸 지금 적나라하게 보여주고 있습니다. 거기에 대해 한국인들이 가진 미국에 대한 인식을 새롭게 할 너무나 좋은 계기라고 생각하고요. 왜 그런가 하면 한국은 사실은 전 세계에서 가장 미국화가 심한 나라거든요.

그렇죠.

지금 조희연 서울시 교육감이 원래 사회학과 교수잖아요. 조희연 교수가 미국화에 대한 연구를 많이 하셨어요. 조희연 교수는 '과잉 미국화'라는 개념을 써요. 미국화가 너무 심하다, 이런 얘기죠. 저 역시 이런 미국화에 대해 연구를 좀 했는데요. 저는 '총체적 미국화'라는 개념을 씁니다. 총체적이다, 이것은 미국화가 많이 됐다, 덜 됐다가 아니라 한국사회는 총체적으로 미국화가 되어 있다는 거죠. 자세히 설명드리기엔 너무 긴 이야기이지만요.

금방 이해가 됩니다.

한국의 거의 모든 제도가 미국식이에요. 교육제도, 대학제도, 엘리트 대학시스템, 그리고 대학의 경쟁과 높은 대학등록금. 지금 미국 대학의 등록금이 세계에서 가장 높은데요. 1인당 국민소득 대비 가장 높은 등록금을 내고 있는 나라가 바로 한국입니다. 그러니까 이런 일련의 것들이 유럽에는 없어요. 유럽에는 엘리트 대학도 없고 대학 입시도 없고 학비도 없고요. 정치도 같습니다.

우리 국회도 양당제로 미국과 비슷한 형태죠. 대통령제도요. 유럽은 대체적으로 다당제, 내각제잖아요.

그렇죠. 우리가 미국을 총체적으로 따라왔는데요. 문제는 미국이 글로벌 스탠더드가 아니라는 데 있어요.

아닌데, 우리는 그런 줄 알았죠.

네, 우리는 그런 줄 알고 심지어 선진국의 모범이라고 생각

김누리

했어요. 그런데 유럽의 많은 나라에서는, 예를 들어 헬무트 슈미트 독일 총리는 "미국은 사회적으로 보면 지옥이다." 이런 말까지 했어요. 그러니까 미국의 사회시스템, 의료복지 시스템 같은 것들이 너무나 미비하다는 거죠.

의료복지뿐 아니라 사회복지도 좀 약하죠.

맞습니다. 의료는 우리가 더 낫죠. 의료는 왜 우리가 더 나은가? 이것도 사실 이유가 있어요. 우리 사회가 지닌 독특한 점 때문인데요. 1960년대에 의료보험법이 처음 제정될 당시는 북한과 경쟁이 굉장히 심한 상태였습니다. 북한이 상당히 진전된 의료시스템을 가진 상황에서 우리도 그런 의료시스템을 기획하게 된 거죠.

1960~1970년대 북한의 사회주의적 의료체계에 뒤처질 수 없다, 이런 거였죠.

좋은 경쟁이죠. 그렇기 때문에 우리가 의료 부분만 미국과 다른 겁니다.

'우리'의 재발견

그러니까 지금껏 맹목적으로 미국을 추종해왔다면, 이번 코로나에 대응하는 모습을 보면서 각 나라들의 사회시스템을 비교 분석해볼 수 있었다는 거잖아요. 따라서 미국에 대한 인식을 바꿀 계기가 됐다는 말씀인데요. 이번에 전 세계가 한국을 칭송하고 있습니다. 이건 어떻게 보세요?

우리 자신에 대해 굉장히 놀랐습니다. 우리 안에 이런 잠재력이 있구나, 하고요. 특히 대구 시민들이 도시 봉쇄도 안 하고 이동 제한도 안 한 상태에서 스스로 이동을 자제했는데요. 정말 대단한 거예요. 그 어디에서도 전례가 없는 일이거든요.

그런 걸 뭐라고 불러야 할까요?

모르는 사이에 우리에게 이런 성숙한 민주시민의식이 있었구나, 그렇게 생각합니다.

성숙한 민주시민의식요.

모르는 사이에 이런 것들이 우리 안에 있었구나, 그런 '우리

김누리

의 재발견'이죠. 저는 개인적으로 2016년 촛불집회 때도 그런 느낌을 받았어요. 거기 모인 사람들 표정이 너무 기품이 넘치는 거예요. 그때도 우리에게 저런 표정이 있구나, 하고 느꼈죠.

쓰레기도 버리지 않았고요.

맞아요. 그것도 놀라운 거죠.

지금 필요한 건 자본주의에 대한 새로운 성찰

지금 유럽 국가도 나름 복지사회 모델입니다만, 코로나에 대응하는 모습을 보면 집 밖에 나가는 것조차 통제하고 있어요. 그런데도 제대로 못 잡고 있고요. 그것과 비교하면 우리나라가 참 놀라운 거죠.

저희도 몰랐던 잠재력을 스스로 깨달았다는 건 굉장히 중요한 일입니다. 또 하나 말씀을 드리면 더 근본적인 이야기일 것 같습니다. 우리가 너무나 당연시해왔던 세계가 당연한 게 아니고 견고한 것도 아니라는 걸 많은 사람들이 처음으로 느꼈어요.

인간은 발전을 위해서 살아가는 것이고, 인간의 역사는 발전해온 것이고, 앞으로도 발전은 지속될 것이다, 이것이 우리가 당연시해온 발전 이데올로기인데요. 사실은 근대사회에서, 특히 68혁명 이후에는 발전 이데올로기가 당연하지 않거든요. 물적 발전, 물질주의적 발전이라는 성장지상주의가 대단히 위험할 수 있고 오래갈 수 없을 뿐만 아니라, 지구 생태계 자체의 붕괴를 초래할 수 있다는 인식이 동시에 있었어요.

그런데 우리는 그쪽을 잘 안 보려고 했잖아요.

맞습니다. 발전 이데올로기, 성장지상주의가 위험할 수 있다는 인식이 한국의 공론장에는 아예 없어요.

우리 사회에도 학자들이 그런 얘기들을 많이 했잖아요. 시장 논리, 경제 논리, 정치 논리에 밀려서 공론화되지 못한 것이지요.

그렇죠, 그런 비판 담론이 공론장에서 너무나 미약하거나 없었어요.

그걸 요약해서 말하면 뭐가 될까요? 시장중심주의가 바뀌

김누리

어야 한다, 경제중심주의가 바뀌어야 한다, 신자유주의가 바뀌어야 한다, 이런 건가요?

조금 더 근본적으로 말씀을 드리면, 우리가 당연시해온 세계라는 것은 사회학적 용어로 쓰자면 '자본주의'죠. 자본주의에 대한 성찰이 필요한 거예요. 코로나19 사태가 우리한테 요구하는 것은 자본주의에 대한 새로운 성찰입니다. 우리는 자본주의가 사회주의 계획경제와 지난 70~80년 동안 경쟁해서 이겼다는 사실을 알잖아요. 그건 역사적 사실이죠.

맞습니다.

우리가 몰랐던 자본주의의 치명적 결함

이겼습니다. 뭘 해서 이겼나요? 이긴 내용을 분명히 할 필요가 있어요. 그것은 자본주의가 사회주의 계획경제보다 인간의 욕망을 더 효과적이고 합리적으로 충족시켜주는 체제라는 거예요. 그 부분에서는 이겼는데 자본주의는 두 가지 치명적인 결함을 갖고 있습니다. 이 부분은 한국에서 논의가 안 되고 있어요.

첫 번째, 자본주의는 그냥 풀어놓으면 인간을 잡아먹는다는 사실이에요. 독일에서는 소위 '야수자본주의'*라고 불러요. 야수가 된다는 거죠. 그게 지금 한국사회의 현실이에요. 한국사회는 야수자본주의가 전 세계 어느 나라보다 활개 치고 있습니다. 말하자면 자유민주주의자들, 소위 자유시장경제를 지지한다는 자들이 너무나 과잉 대표되어 있는 게 한국의회고요. 그래서 실업과 불평등이 이렇게 심한 겁니다. 전 세계 최고 수준의 실업, 불평등, 자살률, 노동시간, 산업재해율을 보이는 건, 바로 자본주의의 야수성이 한국사회에서 관철되고 있다는 뜻입니다.

두 번째, 자본주의의 문제는 무계획성입니다. 자본주의는 이미 과잉 생산 단계로 넘어왔어요. 그래서 보통 학자들은 '과잉 생산 자본주의'라고 하거든요. 이게 또 큰 문제인 거죠. 그러니까 자본주의는 대단히 효율적인 체제이기는 한데 중단할 수가 없어요. 정지를 시킬 수가 없어요. 그러니까 아무런 수요가 없는데도 무작정, 무한히 생산을 계속한다는 거죠.

그러다 보면 야수자본주의가 되고 잠재적 공황 상태를 계속 키우고

> ● 야수자본주의
> 자본주의를 기본적으로 자유롭게 놓아두면 인간을 잡아먹는 야수가 된다는 의미로, 독일의 헬무트 슈미트 총리가 즐겨 사용했다.

김누리

있고. 그런 거 아니겠습니까?

 많은 사람들이 자본주의를 생산을 중단하는 순간 넘어지
는 자전거에 비유합니다. 수요가 없어 불필요할 때도 계속
생산을 해야 한다는 거죠. 그런데 이 생산이라는 게 뭔가요?
모든 생산은 자연을 변형하거나 자연을 파괴하는 거잖아요.
끝없이 자연을 훼손한다는 거예요. 그럴 필요가 없을 때도
말이죠.

 그래서 지금 우리가 대가를 치르고 있는 거 아닙니까? 그
런데 엄밀히 말하면요. 이런 자본주의의 근본적이고 치명적
인 한계를 알고 거기에 수정을 가해서 사회주의랑 싸워 이긴
거 아닌가요?

 스칸디나비아, 독일 같은 경우 이른바 '사회적 자본주의' 즉
사회적 시장경제를 만든 거죠. 그런데 지금 문제가 되는 건 사
실 두 번째 문제입니다. 생태적 문제. 이 생태 파괴 문제는 사실
은 독일이나 유럽 같은 경우만 해도 굉장히 많은 담론들이 등
장하고 있어요. 인류의 미래에 대한 대단히 비관적인 생각들이
지배적이에요.

그러니까 망하지 않으려면 바꿔야 한다는 거 아닙니까?

그렇죠. 생태적 붕괴 때문에 22세기는 오지 않을 것이다, 또는 지금 지구상에서 살고 있는 사람들이 마지막 인류가 될 것이다, 이런 담론들이 많아요. 최근 출간된 《2050 거주불능지구》라는 책을 보면, 앞으로 30년 내에 지구에 인간이 거주하는 것이 불가능할 수도 있단 얘기가 나와요. 그런데 지금 한국에서는 그런 비관주의가 공식적인 영역에서 거의 등장하지 않지요.

바로 그런 생각의 전환을 이번 코로나19 사태로 가져와보죠. 이건 꼭 우리 한국인만 겨냥한 게 아니라, 전 세계인한테 얘기해줘야 하는 거 아닌가요?

당연하죠. 이미 이런 것들이 공적 담론장에서 많이 논의되고 있어요.

김누리 교수님이 눈높이가 높아서 그렇지, 솔직히 그런 담론은 제가 보기에는 유럽 몇 개 나라의 일에 불과한 것 같습니다.

물론 그럴 수 있겠죠.

김누리

프레임의 전환 : 미국화와 자본주의에 대하여

아직도 성장주의에 빠져 있는 나라들이 많은데 이들도 좀 빨리 각성했으면 좋겠다, 이런 말씀이고요. 코로나19 이후에는 우리 사회체제가 무엇을 지향해야 할까요?

한국 입장에서 보면 코로나19 사태라고 하는 것은 굉장히 중요한 전환의 계기가 됐습니다. 한국사회가 이렇게 정치적으로 민주화되고 경제가 성장했음에도 불구하고 사람들이 살기가 너무 힘들잖아요. 이것은 프레임 자체, 즉 사고 틀 자체가 잘못돼서 그런 것인데요. 그중에서도 가장 중요한 게 미국화와 자본주의 문제입니다.

미국화에서 탈미국화로 가자는 말씀인가요?

꼭 탈미국화라고 부를 수는 없겠지만요. 이미 우리가 사례를 보였습니다. 소위 한국형 방역모델이라고 하는 건데요. 이게 정말 대단한 거예요. K방역이라는 말이 나올 정도로요.

미국화 부분에 대한 반성, 자본주의에 대한 반성. 그럼 자본주의에 대한 반성의 대안으로 삼을 모델은 뭔가요? K자본주의를 만들어야 됩니까?

아니요. 그건 쉽지 않아요. 왜냐하면 현실사회주의가 자본주의의 새로운 대안이 될 수 있다는 설득력을 보이지 못했잖아요. 그래서 제가 보기에 현재 우리는 둘 중 하나를 선택해야 한다고 봅니다.

무엇인가요?

첫 번째는 자본주의를 폐기하거나, 두 번째는 자본주의를 인간화하는 겁니다. 지금과 같은 형태로 자본주의가 작동한다면 저는 22세기는 오지 않을 거라고 생각합니다.

자본주의의 인간화.

저는 '휴머나이즈humanize'라고 부르고 싶은데요.

그럼 북유럽형 복지 모델은 인간화한 자본주의인가요?

어느 정도는 그렇습니다. 여기서 인간화라고 하는 것은 세 가지 측면이 있는데요. 첫째, 자본주의라는 게 인간을 소외시

김누리

66

첫 번째는 자본주의를 폐기하거나, 두 번째
는 자본주의를 인간화하는 겁니다. 지금과 같
은 형태로 자본주의가 작동한다면 저는 22세
기는 오지 않을 거라고 생각합니다.

99

키거든요. 소외시킨다는 말은 사실은 인간 삶을 전도시킨다는 거죠. 자본주의에서는 사물이 인간을 지배합니다. 그런 의미에서 소외시킨다는 거고요. 둘째, 자본주의는 사회를 파괴합니다. 사회적 공동체를 파괴하고 일종의 정글로 만듭니다. 셋째, 말씀드린 대로 자본주의는 무한히 자연을 침탈하고 파괴합니다. 이 세 가지 요소를 인간과 자연이 화해하면서 살 수 있는 방식으로 인간화해야 한다고 생각합니다.

인간중심주의, 사회적 시장경제, 인간과 자연의 공존, 인간 존중… 담론적 단어로 표현하자면 이런 것들 아닌가요. 그런 대안을 향해 우리의 기존 생각을 바꿔보자, 시장만능주의, 신자유주의부터 벗어나자, 이 말씀이잖아요.

정말 궁금한 것 중 하나가, 앞서 야수자본주의가 대한민국이 가장 극심하다고 하셨어요. 그 증거로 바로 높은 산재사망률, 자살률, 저출산 등등이 있고요. 그런 야수자본주의와 천박한 정치 뒤에 함께 살고 있는데 어쩜 그렇게 성숙한 민주시민이 나올 수 있을까요?

저는 그래서 우리들 안에 있는 잠재력이면 정말 한국을 멋진 사회로 만들 수 있겠구나, 생각합니다.

김누리

시민들의 의식과 그것의 집합적 발현은 언뜻언뜻 나오는데 그게 정치화되지 못해서 아닐까요?

그런 면이 틀림없이 있죠. 그래서 K방역이라고 부를 정도로 성숙한 대응 모델을 보여준 우리의 힘을 한국사회를 변혁하는 데도, 평화 문제를 해결하는 데도 적용해야 합니다.

알겠습니다. 결국 K방역을 성공한 것처럼 정치, 경제, 한반도 변혁으로 가자, 그 말씀이네요. 그러려면 생각부터 바꿔야 한다는 말씀이고요.

그렇습니다.

생각은 많이 바뀐 것 같은데 아직도 멀었죠? 더 바꿔야죠?

네, 그래도 희망이 보입니다. 최근 우리가 보여준 일련의 것들은 우리에게 희망을 보여주고 있어요. 그래서 지금 아무튼 이 정부가 추진해왔던 한반도 평화 문제가 정말 중요한 문제로 보입니다. K방역이 우리에게 깨우쳐준 가장 중요한 교훈은 우리가 미국보다 더 잘할 수 있는 분야가 얼마든지 있다는 사실이에요. 사실 한반도 평화 문제는 미국보다 우리가 훨씬 더 잘 풀어낼 수 있습니다.

그럼에도 불구하고 우리정부는 너무도 무력하게 미국에 끌려왔던 겁니다. 해방 이후 이 나라를 지배해온 거대한 무력감이 그런 태도를 낳은 거죠. 이제 정부는 자신감과 용기를 가지고, 또 국민들의 높은 정치의식을 믿고 당당하게 미국을 상대하고, 우리의 관점에서 한반도에 새로운 상황을 창출할 수 있어야 합니다. 더 이상 촉진자, 운전자, 중개자 운운해서는 안 됩니다. 이것이 K방역이 우리에게 준 교훈입니다.

포스트 코로나 시대를 준비하기 위한 3가지

코로나19 이후의 시대, 다시 말해 포스트 코로나 시대. 우리는 무엇을 준비하고, 어떤 것을 더 깊이 생각해봐야 할까요?

제가 강조하고 싶은 세 가지가 있습니다. 첫째, 포스트 코로나 시대는 거대한 인식의 전환, 패러다임 전환 시대가 되어야 합니다. 한국사회를 지배해온 수월성meritocracy 사고는 이제 존엄성dignocracy 사고로 바뀌어야 합니다. 중요한 건 경쟁에서 승리하는 게 아니라 인간의 존엄을 지키는 겁니다.

김누리

수월성 사고에서 존엄성 사고로 바뀌어야 한다?

수월성 사고는 실력주의, 그러니까 능력을 평가의 준거로 삼는 것이고요. 존엄성 사고는 말 그대로 모든 인간의 존엄성을 동등하게 보는 관점입니다.

그렇군요. 그럼 포스트 코로나 시대를 위한 두 번째, 세 번째는 뭔가요?

둘째는 한국이 코로나 대응에서 보여준 대응 모델을 사회 개혁과 한반도 평화 문제에도 적극 적용해야 한다는 겁니다. 한국의 민주주의적 대응 모델은 중국의 전체주의적 대응 모델, 미국의 자유방임적 대응 모델, 일본의 관료주의적 대응 모델, 그 어느 것보다 더 효율적이고 인간적인 방식임을 확인했습니다. 이런 모델을 사회 개혁과 한반도 문제 해결을 위해 창조적으로 활용해야 합니다.

그리고 셋째는 이겁니다. 재난 자본주의의 위험을 경계해야 합니다. 자본주의는 언제나 사회적, 자연적 재난 상황을 자본 지배를 강화하는 절호의 기회로 활용해왔습니다. 최근 한국의 몇몇 재벌과 대기업이 코로나19 사태 속에서 보인 일련의 행태, 기획재정부 관료들이 보인 자본친화적 조치들은 재난 자본주의의 악폐가 재현될 가능성을 경고합니다. 분명 우리의 국민적 대응은 훌륭했고 의식도 높았습니다만, 이런 악폐에 대한 자각도 절대 놓쳐선 안 되는 거죠.

주의하고 조심해야 할 것도 있습니다만 우리의 저력이 대단하다는 것, 상황은 희망적이라는 요지에는 변함이 없습니다. 전대미문의 사태를 맞아 힘든 점도 많습니다만, 이번 위기를 계기로 특히 한국은 전환적 사고의 계기를 맞았다는 점, 그만큼 세계관과 사고가 넓고 깊어졌음을 다시 한 번 강조하고 싶습니다.

김누리

포스트 코로나 [6]

행복의 척도

김경일

"사회가 강요한 원트로는
버텨낼 수 없다"

행복의 기준은 어디에 있는가

김경일

아주대학교 심리학과 교수. 아주대학교 창의력연구센터장을 지냈고, 게임문화재단 이사장을 맡고 있다. 고려대학교 심리학과와 동 대학원을 졸업한 후 미국 텍사스주립대학교 심리학과에서 박사 학위를 받았다. 인지심리학 분야의 세계적 석학인 아트 마크먼 교수의 지도하에 인간의 판단, 의사 결정, 문제 해결, 그리고 창의성에 관해 연구했다. 대학과 각종 교육기관, 기업에서 왕성하게 강연하고 있으며 <어쩌다 어른>, <세바시>, <책 읽어드립니다>, <나의 첫 사회생활> 등 다수의 프로그램에서도 활동하고 있다. 저서로 《지혜의 심리학》, 《이끌지 말고 따르게 하라》, 《어쩌면 우리가 거꾸로 해왔던 것들》, 《십 대를 위한 공부사전》 등이 있으며, 역서로 《초전 설득》, 《혁신의 도구》 등이 있다.

분노가 아니라 불안이다. 코로나19 사태로 인한 우리

의 감정은 정확하게 정의되어야 한다. 김경일 교수는 불안은
정확한 사실로 잠재울 수 있으며, 이것을 가능하게 하는 것은
오직 투명한 공개시스템뿐이라 말한다.

인간은 무한 욕망을 추구하는 사이클에 갇혀 있었다. 하지만
코로나19 사태 이후, 행복의 척도는 바뀔 것이다. 적정한 기술
이 최고의 기술보다 중요하듯, 적정한 행복이 무한한 욕망보
다 우선시될 것이다. 사회적으로 강요된 원트가 아닌 진짜 좋
아하는 것들을 알아가면서, 더 적은 것을 가지고 적정 기술로
공존하는, 그런 삶을 살 것이다. 이것은 이번 사태의 결과임
과 동시에, 넥스트 코로나가 또다시 찾아왔을 때 인류가 함께
살아남기 위한 생존책이 될 수도 있을 것이다.

경쟁력보다 공존력이 더 강력하다

심리학의 지혜를 널리 알리고 있는 한국의 대표 인지심리학자, 김경일 교수님과 함께 '이제는 경쟁이 아니라 공존이다'라는 주제로 이야기 나눠보겠습니다. 확실히 경쟁보다 공존이 좋은 단어죠. 그런데 코로나바이러스는 사람이 사람에게 전파시키는 거 아닙니까?

그렇죠.

이번에 우리는 하나구나, 모두 연결되어 있구나, 하는 걸 새삼 깨닫게 됐는데요. 연결로 인해 감염이 확대된 것이다 보니 공존이 아니라 서로를 미워하고, 거리를 두고, 차별을 하고 심지어 혐오 현상까지 일어나고 있지 않습니까?

네, 하지만 감염병이 아니라도 한 번쯤 겪고 지나갈 일이었다고 생각합니다. 아시겠지만 드라마 볼 때 시청자들이 이렇게 얘기하잖아요. 처음에 남녀 주인공이 투닥투닥 싸우다가 마지막에는 결국 결혼한다, 그런 것처럼요. 소중하고 가까운 존재와 공존하기 전에 한 번쯤 앓는 홍역, 열병 같은 거라고 볼 수 있고요. 왜 '경쟁보다 공존이다'라고 하냐면요. 진화라는 개념으로 설명할 때 경쟁력보다 공존력이 더 강력한 역량이기 때문입니다.

공존력이 더 강력하다고요?

지난 수만 년, 수십만 년 인류 역사를 되짚어보면 경쟁에서 남을 이기려는 능력을 가진 자보다 공존하고 포용하면서 윈윈하는 역량을 가진 사람이나 문화가 오래 살아남았습니다. 그래서 이번 코로나19 사태는 개발하고 빼앗고, 착취하고 장악하려고 하는 강자중심주의나 패권이기주의에서 벗어나는 중요한 계기가 될 거라고 생각합니다. 잘 공존해봐, 그런 과정에서 너희 인류들이 더 지혜롭고 효율적이고 스마트해질 거야, 그런 걸 가르쳐주는 거죠.

김경일

그런데 아직 그런 교훈을 모두가 동의하고 체화하기는 어려운 상황인데요.

맞습니다. 모두는 아니에요.

아직은 공존보다는 다른 사람, 다른 나라가 두려운 상황 아닌가요?

피부에 문제가 생기면 약간 곪는다거나 조금 열이 난다든지 하는 반작용 현상이 뒤따르죠. 그러다 치료하고 진정되면 아물고요. 코로나19 사태 이후 벌어진 일도 이와 비슷합니다. 사태가 진정 국면에 들어가거나 또는 사람들이 여유를 찾으면 그때 알게 되죠. 우리가 부정적인 모습을 보였던 게 차별과 반감, 그로 인해 소모되는 바보 같은 에너지 때문이었다는 것을요. 왜냐하면 우리가 지금 코로나를 모범적으로 이겨내고 있지만 그런 힘이 봉쇄로부터 나온 게 아니지 않습니까.

네, 봉쇄가 아니라 반대로 정확하게 사실을 알려주는 정보 공개로부터 온 것이죠.

그렇죠. 투명한 공개시스템 덕에 적절한 방향으로 에너지를 썼고, 그 덕분에 모범적으로 위기를 헤쳐가고 있는 거죠. 오히려 봉쇄하고 차별하고 심지어는 다른 민족에 대한 증오를 부추기는 문화권들은 더 큰 어려움을 겪고 있잖아요. 정신적 에너지와 노력을 좋은 방향으로 쓰지 못하는 거죠. 그런 점에서 우리 안에서 일어나는 차별과, 배타성은 경계해야 합니다.

저는 우리가 대단히 빠른 속도로 깨달았다고 봅니다. 사실 우리도 초기에는 외국에서 들어오는 학생들을 노려봤어요. 하지만 2주 만에 깨달았죠. 차라리 내가 생활방역을 하고, 그 사람을 적절한 수준까지 지켜보고 있다가 안전하다고 할 때 공존하는 게 더 나은 방식이구나, 그 사실을 빠른 속도로 알게 된 거죠. 지난 두 달간의 한국사회는 제가 봤을 때는 수천 년의 변화를 역동적으로 보여주는 재미있는 측면이 있습니다.

혐오는 인간의 즉각적 반응, 그래서 정부 대응이 중요하다

방금 교수님께서 불과 얼마 전까지만 해도 외국에서 입국한 학생들을 뜨악한 시선으로 봤다고 하셨는데요. 심리학자 관점에서 그건 당연한 반응인가요?

김경일

그렇죠. 반응이라는 말 자체가 무의식적으로 일어나는 반사적 행동이니까요.

반사적 행동. 그걸 뭐라고 할 수는 없는 거죠?

뭐라고 할 수 없죠. 본능보다도 더 앞서 있는 신체기관의 반응인 거니까요. 그런데 짚고 넘어가야 할 것이 신체기관의 반응대로 행동하면 그건 인간이 아니라 동물이라는 사실입니다.

그렇죠. 그걸 이성으로 조절하는 게 인간이죠.

《이기적 유전자》라는 책에도 나오죠. 인간은 기본적으로 동물처럼 반응하지만 그보다는 조금 더 이타적으로 행동해야 나의 이기심이 잘 충족될 수 있다는, 아주 차원 높은 문화를 만들어냈다고요. 아무리 사랑하는 사람이라도 어두운 밤길에 턱 하고 나타나면 당연히 놀랄 수밖에 없습니다. 그 반응에 죄책감을 가질 필요는 없죠. 그런데 그 반응에 오래 집착하거나, 그 반응을 어떤 정책이라든가 사회적 가치로 둔갑시킨다면 그것만큼 어리석은 일도 없는 거죠.

사람들이 이성적으로, 합리적으로 판단하면 서로가 좋은 건데 그렇게 못 하는 이유가 뭘까요?

여러 가지 이유가 있습니다. 이성적이고 논리적으로 판단한다고 하지만 사실은 감정이 앞서잖아요. 그리고 본인 자체가 그 감정의 본질을 잘 몰라서 그럴 때도 있습니다. 하지만 코로나19 사태 이후 벌어지는 양상이 국가별로 천차만별인 걸 보면, 국민의 감정에 대한 국가시스템이나 정부의 대처가 잘못됐을 때 문제가 더 커지는 것 같습니다. 제가 많이 드리는 말씀 중 하나가 사실과 진실이 굉장히 다른 힘을 가지고 있다는 건데요.

사실과 진실은 어떻게 다른가

사실과 진실이 다르다는 게 어떤 뜻일까요?

사실事實은 '실제로 있었던 일이나 현재에 있는 일'입니다. 그래서 우리는 '어제 있었던 일을 사실대로 말했다'는 식의 표현을 쓰지요. 진실은 좀 다릅니다. 진실眞實은 '거짓이 없는 사실을 의미'합니다. 그래서 진실은 '감춘다' 혹은 '밝힌다'같이보다 더 드러냄을 의미하는 동사적 표현과 결부시켜 사용합니다.

진실에 대해 자세히 설명해주실 수 있나요?

네, 예를 들어보겠습니다. 거리에서 한 노숙인이 굉장히 초췌한 얼굴로 동냥을, 좋은 표현은 아니지만 그러니까 구걸을 하고 있습니다. 그러면 우리가 생각하는 '사실'은 한 푼을 달라고 하는 행위죠. 그런데 우리가 가정한 '진실'은 그 노숙인이 최소한 3일 동안 굶었겠구나, 하는 겁니다. 그런 진실에 기반해서 동냥을 한다고 생각하는 거죠. 하지만 실상 그 노숙인은 굉장히 좋은 승용차를 타고 윤택한 생활을 하다가 옷을 갈아입고 나타나요. "이 자리가 대박 자리네." 하면서요. 이게 진짜 '진실'인 거고요. 실제로 해외에는 그렇게 기업형으로 동냥을 하는 분들이 있죠.

배도 안 고프면서 고픈 척했을 수도 있다는 거잖아요.

그러면 동냥하는 행위, 즉 사실을 본 우리는 그것이 진실과 다르기 때문에 분노할 수 있겠죠. 그러니까 사실이란 건 눈앞에 보이는 그대로이기 때문에 정확한 면이 있는 겁니다.

팩트fact요.

그렇죠. 진실은, 그러니까 트루스truth는 진짜 원인을 얘기하는 겁니다. 심리학에서 이런 말을 합니다. 불안은 사실을 알려달라는 감정이고, 분노는 진실을 말하라는 감정이다. 그런데 우리가 광장에 나갈 때는 어떤 상태일까요? 분노해서 나가죠. 광장에 나간 시민들은 진실을 말하라고 얘기합니다. 그런데 그때 '아니야, 이거 별문제 없는 거야.'라고 사실관계만 얘기하면 분노가 사라지지 않죠. 심리학자들이 대표적인 예로 언급하는 것이 2008년 촛불시위를 촉발한 광우병 사태입니다.

네, 정말 그렇네요.

광우병 사태 때 시민들이 분노해서 광장으로 나갔습니다. 우리가 왜 이걸 먹어야 하는지 진실을 얘기하라는 거였어요. 미국에서 수입한 쇠고기가 신체에 해가 있느냐 없느냐, 하는 사실을 몰라서 나간 게 아니라는 겁니다. 그런데 정부는 그저 사실만 얘기하니까 분노가 사그라지지 않는 거죠. 얼마 전 일어난 화재 사건도 마찬가지입니다.

김경일

66

코로나19는 불안이지 분노가 아닙니다. 그러
니까 지금 코로나 때문에 '분노'하는 게 아니
라, 코로나 때문에 '불안'한 거잖아요. 그런데
불확실함은 사실을 보여줌으로써 충분히 해소
될 수 있습니다.

99

이천 물류센터 공사장 화재를 말씀하시는 거죠?

네, 사람들은 화재 사건의 사실을 알고 싶은 게 아니라, 왜 이런 사고가 계속 일어나는지 구조적 진실을 알고 싶은 겁니다. 가장 가슴 아픈 건 세월호 참사죠. 우리는 세월호 사고의 진실을 알고 싶은 거지, 사실을 알고 싶은 게 아니라는 얘기입니다.

코로나19 사태에 대입한 진실과 사실의 어법

그런 진실과 사실의 어법을 코로나19 사태에 대입하면 어떻게 되는 건가요?

코로나19는 불안이지 분노가 아닙니다. 그러니까 지금 코로나 때문에 '분노'하는 게 아니라, 코로나 때문에 '불안'한 거잖아요. 불안이 왜 커집니까? 불확실하니까 불안이 커지죠. 그런데 불확실함은 사실을 보여줌으로써 충분히 해소될 수 있습니다.

그러니까 투명하게 정보를 공개하면 되는 거네요.

김경일

그렇죠. 이렇게 불안할 때는 제대로 사실을 공개하는 게 가장 좋은 겁니다. 한국정부나 한국시스템이 잘한 게 그거고요. 사실을 알게 되니까 '아, 감염 위험은 높겠구나. 그런데 치명률은 이 정도겠구나.'라고 하면서 자기 에너지와 사회, 혹은 집단 에너지를 좋은 곳에 쓰는 거죠. 그런데 이처럼 사실이 더 중요한 시점에 "진실은 말이야." 하면서 가짜 뉴스를 퍼뜨리는 사람이 있습니다.

네, 그리고 그런 가짜 뉴스에 분노하는 분들이 있죠.

음모와 가짜 뉴스의 희생자들이 분노하는 겁니다.

트럼프처럼 바보 같은 대통령은 계속 중국을 탓하고, 확진자가 백만 명이 넘었는데도 잘한다고 우기려고 하고요.

심지어 중국에서는 미국의 여성 공무원이 중국에 와서 바이러스를 퍼뜨린 거라고도 하지 않습니까.

우리도 초창기에 중국에서 오는 사람을 막지 않아서 신천지 사태가 벌어졌다, 이렇게 말하는 사람들이 있었는데 그건 정확하게 알 수 없는 거잖아요. 그런데 이런 정확하지 않은 정보 때문에 분노하는 사람들도 많고요. 그러면 안 된다는 얘기군요.

그렇죠. 진실은 과학자들이 밝히는 겁니다. 과학자이신 최재천 교수님이 말씀하셨죠. 우리가 자연을 너무 파헤치는 바람에 이런 일이 일어나는 거라고요. 그게 진실인 거죠. 우한의 어느 연구소에서 바이러스가 흘러나왔다, 사실상 이런 게 중요하지 않다는 거죠.

알겠습니다. 지금 이 상황에서 혐오와 차별을 생각하게 되는 건 즉각적인 감정적 반응이기 때문에 어쩌면 당연한 건데요. 그런데 그런 감정이 오래 지속되는 사람들은, 방금 구분해주신 것처럼 쓸데없이 의심하고 쓸데없이 음모론을 믿고 분노하고 쓸데없는 차별과 혐오로 가는 거네요.

그렇죠. 사실에 충실해야 할 때 오히려 섣부르거나 어쭙잖은 진실에 다가서려는 겁니다.

171   김경일

신인류에게 필요한 건 '지혜로운 만족감'

대한민국 국민들이 서구보다 더 감정적, 정서적이라고 생각했거든요. 그런데 이번 사태를 보니 아닌 것 같아요. 대한민국 국민들이 굉장히 이성적이고 유럽 사람들, 미국 사람들은 이상하게 감정적으로 반응해요.

저도 외국 학자들로부터 한국인이 이렇게 수준이 높았냐는 질문을 많이 받습니다. 제가 그래서 그분들에게 이렇게 얘기해요. "우리가 많이 분노해봤거든. 그래서 분노해야 할 때와 분노하지 않아야 할 때를 알고 있어."

정확한 말씀이네요. 앞으로 우리는 어떻게 살아야 합니까? 코로나19 이후 신인류의 심리 상태는 어떠해야 할까요?

다른 분들이 미국을 중심으로 한 슈퍼파워, 혹은 야수자본주의의 한계를 여실히 말씀해주셨잖아요. 저는 심리학자로서 전문적인 용어보다는, 실생활에서 자주 쓰는 좀 더 밀착감 있는 단어로 설명을 드리겠습니다. 앞으로 우리는 지혜로운 만족감을 추구하는 사회로 갈 것이다, 이렇게 말씀드립니다.

지혜로운 만족감을 추구하는 사회. 무슨 말일까요?

끊임없이 돈을 버는 사람들을 두고 만족감을 모르는 사람이라고 하잖아요.

워커홀릭이라고도 하고요.

제가 IMF 외환 위기 전에 군대에 있을 때 이야기인데요. 그때 국민소득이 2만 달러까지 간다고 했었죠. 하루는 병사 친구가 "2만 달러가 되면 뭐가 좋아요?" 하고 물어보는데, 할 말이 없더라고요. 3만 달러가 되면 뭐가 좋을까요? 4만 달러가 되면 뭐가 좋을까요? 10만 달러가 되면요?

무한 욕망 추구. 이건 안 된다는 건가요?

어떤 사람들이 무한 욕망을 추구하느냐 하면요. 만족감이라는 기제가 뇌에서 거의 발달하지 않은 사람들이에요. 만족을 하면 멈춰야 하잖아요. 그러니까 인간을 멈추게 만드는 가장 안전한 장치가 만족감인 거죠.

그렇네요. 배부르면 못 먹는 것처럼요.

김경일

포만중추라고 하는 뇌하수체에 있는 특정 부분이 망가지면, 실제로 창자나 위장에 큰 무리가 갈 때까지 계속 먹게 됩니다. 그렇게 되면 큰일 나겠죠. 그러니까 인간을 가장 안전하고 정교하게 만들어주는 중요한 심리적 안전장치, 그 브레이크가 만족인데요. 너무 쉽게 만족하는 것도 문제겠지만 지금 현대사회의 선진국 대부분이 만족감이 너무 발달하지 않아서 문제입니다. 한국도 그렇고요.

사회적 '원트' 아닌 나만의 '라이크'로

그럼 만족감을 발달시키기 위해서는 어떻게 해야 하나요?

그걸 깨달아가는 과정인 것 같습니다. 제가 얼마 전 경험한 일인데요. 풍선을 사달라고 하는 아이한테 풍선을 사줬더니 5분 있다가 아이가 풍선 줄을 놓더라고요. 그렇게 원했던 걸 얻었는데 팔이 아프다고 그냥 놓아버린 거예요. 어이가 없었죠. 그런데 그날 찍은 사진을 보니 풍선을 사달라고 조르던 그곳 주위에 있는 다른 아이들이 모두 풍선을 갖고 있더라고요. 나만 안 가지고 있으니까 원했던 겁니다.

상대적 박탈감이네요.

그렇죠. 사회적으로 원트$_{want}$를 만들어낸 거예요. 그런데 아이가 풍선 줄을 놓고 나서 저한테 혼났던 곳에서 찍은 사진을 보니까 주위에 아무도 풍선을 가지고 있지 않아요. 그러니까 풍선을 좋아하지도 않았는데, 다시 말해 라이크$_{like}$는 없는데 그저 사회적으로 원트한 겁니다.

원트와 라이크가 또 다르군요.

다릅니다.

라이크는 내가 좋아하는 것이네요.

정말 좋아하는 거죠.

원트는 사회적인 것이고요?

맞습니다. 코로나19 사태 이전에 우리는 사회적으로 훨씬 더 많이 돌아다니면서 이것도 가져야지, 저것도 가져야지, 하면서 끝없는 만족감의 사이클을 돌았어요. 그러다 이번 사태로 혼자만의 시간을 갖게 된 사람들이 어떤 행동을 하는지를 보세요. 단 거 좋아하는 사람들이 1,000번을 저어서 달고나 커피를 만들지 않습니까. 자기만의 라이크가 생긴 거예요.

그게 진짜 만족을 느끼게 해주는 거죠. 진짜 행복이고요.

정말로 좋아하지도 않는데 사회적으로 원하는 걸 계속 추구하다 보면 훨씬 더 많이 벌어야 합니다. 훨씬 더 많이 가지고 훨씬 더 많이 빼앗아야 합니다. 그런데 내가 진짜 좋아하는 걸 알아가면서 그에 대한 역량을 발전시켜가는 사회나 문화에서는 더 적은 걸 가지고 공존하면서도 다 함께 행복하게 살 수 있겠죠.

행복의 척도가 바뀐다는 것

앞으로는 내가 진짜 좋아하는 것, 그것을 행복의 척도로 삼아야 한다, 그렇게 말할 수 있을까요?

아주 좋은 표현 같습니다. 왜냐하면 이 척도라는 말, 척도를 바꾼다는 표현이 심리학자들 사이에서는 두 가지 용어, 두

"

    코로나19 사태 이전에 우리는 이것도 가져야 지, 저것도 가져야지, 하면서 끝없는 만족감의 사이클을 돌았어요. 그러다 이번 사태로 혼자 만의 시간을 갖게 된 사람들이 자기만의 라이 크가 생긴 거예요.

"

가지 의미로 사용되거든요.

첫 번째는 뭔가요?

척도를 바꾼다고 하면 우리가 상식적으로 그리고 직관적으로 아는 것처럼 기준이 바뀐다는 겁니다.

그럼 두 번째는요?

두 번째는 조금 학술적이고 미묘한데 이것도 못지않게 중요합니다. 그래서 두 가지를 한 번씩 다 말씀드리려고 합니다.

좋습니다. 우선 첫 번째로 행복의 척도인 '기준'이 바뀐다. 무엇에서 무엇으로 바뀌는 건가요?

앞서 말씀을 드렸지만 원트에서 라이크로 가야 합니다.

그게 기준의 변화라는 거군요.

그렇습니다. 기준의 변화죠. 앞서서 지혜로운 만족감을 추구하는 사회로 갈 것이라고 말씀을 드렸는데요. 이걸 두고 너무 낙관적으로 보는 거 아니냐 반문하는 사람들도 있습니다. 그런데 낙관적인 게 아닙니다. 사실 어찌 보면 준엄한 얘기예요. 지혜로운 만족감을 추구하는 사회로 간다는 건, 내 만족 감이 지혜롭지 않으면 앞으로 훨씬 더 불행하게 살 수밖에 없다는 의미거든요. 불만족한 상태로 살아야 한다는 겁니다. 그러니까 사회 전반적으로 사람들이 지혜로운 만족감을 추구하며 살아간다는 건요. 나도 그만큼 만족감을 지혜롭게 가져야 한다는 뜻이에요. 그 기준은 본질적으로 남이 아니라 내가 되어야 하는 거고요.

원트가 아닌 라이크로 간다. 다시 말해 라이크가 나의 기준이 되어야 한다는 거군요.

코로나19 사태라는 큰 변화를 겪기 전에도 이미 많은 심리학자들이 이런 얘기를 해왔습니다. 예를 들어 문화심리학자 김정운 박사님이 이것을 '인정 투쟁'이라고 표현하셨고요.

남에게서 인정받는 투쟁이란 뜻인가요?

인정받기 위해서 투쟁하는 삶을 산다는 거죠. 내가 40평짜리 집에 사는데 50평짜리 집에 가고 싶은 이유가, 50평에 사

김경일

는 사람에게 인정받고 싶어서라는 겁니다. 큰 차를 가지고 싶은 이유가 큰 차 타는 사람에게서 인정받고 싶어서고요. 그러니까 끊임없이 비교 우위에 서 있어야 하는 거죠.

그러면 행복할 수 없죠.

비교만큼 나의 행복을 취약하게 만드는 게 없습니다. 반에서 1등을 하잖아요. 비교우위에 서 있는 것 같죠? 하지만 전교 1등 하는 애가 오면 나는 2등으로 밀려나버리는 거죠.

내가 전교 1등 해도, 전국 1등 옆에 가면 그렇게 되는 거고요.

남의 감탄을 받는 데 목매는 것, 인정 투쟁을 하는 게 정말 어려운 삶이지 않습니까. 그러니까 그 감탄의 주체를 상대방이 아닌, 타인이 아닌, 나로 바꿔야 한다는 겁니다. 그런 의미에서 라이크란 무엇일까요?

내가 좋아하는 거, 진짜 내가 즐기는 그런 거죠.

맞습니다. 나로 하여금 감탄을 자아내는 것. 그러니까 꽃을 정말 좋아하는 사람은 꽃의 색깔이 바뀌면 그걸 보면서 감탄을 하죠. 음식을 좋아하는 사람은 맛에 약간의 변화만 있어도 감탄을 하고요. 즉 나의 미학적 경험, 나의 감탄을 만들어내는 것들이 실제로 내 것인 셈입니다.

인정 투쟁에서 벗어나려면

남 눈치 볼 필요 없다, 중요한 건 내 삶이다, 그런 거네요. 예전에 비해 요즘 젊은 세대들은 확실히 그쪽으로 가고 있지 않습니까?

너무 자기 것만, 자기 관점만 중요하게 여긴다고 걱정하실지도 모르겠어요. 하지만 세계적인 언어심리학자인 마이클 토마셀로가 이런 말을 했습니다. "모든 세대는 이전 세대보다 좀 더 복잡해지고, 다음 세대보다는 좀 더 단순하다." 그러니까 낫다, 못하다가 아니라 감정 체계가 복잡 미묘해진 것뿐이죠.

그런데 그것과 코로나19 사태가 어떤 연관이 있나요?

코로나19 사태 이후에는 남의 인정이나 남의 감탄을 받을

김경일

기회가 자연스럽게 줄어들 수 있습니다.

서로 안 만나는 비대면 사회가 되니까요?

그렇죠.

혼자 놀기에 익숙해져야 하고요.

맞습니다. 그럼에도 불구하고 SNS상에서 끝없이 돌아다니면서 남의 인정과 남의 감탄에 목말라 하는 사람도 있긴 하지요. 예전에는 외로움을 못 이겨서 관계로 도피하는 삶을 살다 보니 남의 인정, 남의 감탄에 목을 맸었는데요. 그러던 사람들이 갑자기 '어라, 내 감탄도 소중하구나, 중요해지겠구나.'라고 생각하는 시간을 가지게 된 거죠.

그럼 교수님, 인정 투쟁에서 벗어나려면 어떻게 해야 합니까?

일단 나에게 충실한 경험을 해야겠죠. 문화심리학에서는 그걸 예술적 경험 혹은 예술적 활동이라고 표현하지만, 우리가 예술적이거나 미학적 경험을 통해서만 감탄을 얻는 건 아닙니다.

네, 음악이나 미술품 감상을 좋아하지 않는 사람들도 있거든요. 그런 분들은 어떻게 하면 될까요?

조금 더 넓게 보자면 나 스스로 하는 감탄의 결정판이 있죠. 바로 '보람'이라고 하는 겁니다. 나이가 많아서 돌아가신 분들을 대상으로 연구해보면 '살아서 돈을 더 벌걸.' 하고 후회하는 분은 거의 없습니다. '높은 지위까지 올라가야 했는데 못 갔다.'며 후회하지도 않습니다.

심지어 중국 삼국시대의 조조 역시 죽을 때 '삼국통일을 이루지 못해 원통하다'고 하지 않았죠. 조조는 자기 무덤을 72개 더 만들라고 하고 죽었는데요. 왜 그런지 아십니까. 사람들한테 너무 못되게 굴어서 보람을 못 찾았다는 겁니다. 그러니까 자기 무덤을 누가 파헤칠까 봐 그 두려움 때문에 가짜 무덤을 만들라고 하고 죽었답니다.

지위고하와 상관없이, 성공 여부를 막론하고 사람은 죽을 때 이런 후회를 합니다. "그 친구한테 더 잘할걸." "그 사람한테 더 잘해줄걸." 이게 무슨 뜻이냐 하면 보람이라는 건 내가 아닌 다른 사람과 잘 지내온 흔적, 다른 사람과 공존한 삶의 흔적이란 얘기입니다.

김경일

보람을 혼자 느낄 수는 없겠죠. 타인과의 관계에서 느끼는 것이니까요.

그렇죠. 그러니까 교도소에서 내리는 가장 강한 처벌은 보람조차 느끼지 못하게 만드는 독방 수감입니다. 죄를 짓고 다같이 수감되어 있지만 거기서도 보람을 찾기 위해 다른 사람들을 조금씩 도와주는, 그런 재미있는 행동을 합니다. 그런데 그 보람조차도 못 찾도록 하는 게 독방 수감인 거죠.

아무리 언택트 사회라 해도 남에게 도움이 되는 나의 행동은 있는 거니까요.

맞습니다. 오히려 도움이 되는 행동이 온라인상에서 더 멀리 가닿을 수도 있고요. 더 추상적이지만 더 포괄적일 수 있어요.

3점 척도에서 7점 척도로, 라이크에 민감해지다

인정 투쟁에서 벗어나서 내가 좋아하는 것, 내가 즐길 수 있는 예술적 경험, 미학적 경험뿐만 아니라 남에게도 도움이 되는 보람, 그것이 행복의 척도가 되어야 한다는 말씀이죠? 이런 거시적 의미가 기준인 거고요. 그럼 두 번째 척도는 뭔가요?

미시적 의미의 척도인데요. 척도를 바꾼다고 얘기할 때 심리학자들이나 사회과학자들이 이렇게 얘기합니다. 몇 점 척도로 바꿀까? 이렇게요.

5점 척도, 7점 척도 이런 식으로 하죠? 전문가들이 주로 쓰는 단어일 텐데 무슨 뜻인가요?

5점 척도 또는 7점 척도는 심리 검사를 할 때 가장 많이 사용하는 '리커트 척도'입니다. 쉬운 예를 들면 아마 심리테스트 같은 것에서 많이 보셨을 텐데요. '매우 그렇다, 그렇다, 보통이다, 그렇지 않다, 매우 그렇지 않다'의 5단계 척도가 있습니다. 가장 흔하게 쓰는 방식이죠. 7점 척도는 그보다 세밀하고요. 제시된 문장에 대해 얼마만큼 동의하는지를 답변하는 것입니다.

그럼 테스트를 받는 사람이 그 사안에 대해 깊이 알지 못하면 7점 척도를 진행할 수 없나요?

김경일

맞습니다. 우리가, 그러니까 답변하는 사람이 어떤 대상에 대해 잘 알고 깊이 알면 3점 척도나 5점 척도가 아닌 7점 척도까지도 가능합니다.

잘 모르면 좋아해, 싫어해, 이거밖에 없으니까요.

그렇습니다. 첫 번째 척도와 연결되는 얘기인데요. 사람들이 조금 더 자기가 좋아하는 것, 자신의 라이크와 감탄에 민감해지고 예민해지면 그 대상에 대해 더 구체적으로 알게 됩니다. 전문가가 되는 거예요. 그런데 행복의 두 번째 척도인 리커트식 척도 변화를 안다는 건 단순히 우리 자신의 행복보다 더 중요한 측면이 있습니다.

뭔가요?

제가 깜짝 놀란 게 우리나라의 많은 기업들이 이 척도가 변하고 있다는 걸 이미 눈치채고 있습니다.

그렇죠, 상품 판매와 직결되니까요.

예전에는 전 국민이 다 보고, 전 국민이 다 신고, 전 국민이

다 입는 것들이 있었습니다. 소위 대박 드라마라고 하면 시청률이 60퍼센트, 70퍼센트까지 나왔고요.

요즘은 그런 게 잘 안 나오죠. 그만큼 다양해졌다는 얘기겠죠?

그렇습니다. 사회적으로 강요받는 원트가 아닌, 한 명 한 명 각자의 라이크가 중요해지면 기업은 어떻게 가야 하느냐? 대박 신화에서 벗어나서 완판 개념으로 가야 합니다. '너 빼고 다 샀어.'라고 광고하는 시대, 즉 '원트'를 강요하는 것에서 벗어나는 거죠. 사람들의 라이크가 다양해지면 제품은 그에 맞춰서 좀 더 정교해져야 합니다. 눈금을 5점에서 7점으로 세밀하게 맞춰야 하는 거죠. 다양한 상품을 소량 생산하면서 소량이지만 완판하는 지혜로운 개념으로 가는 거예요. 똑똑한 기업은 과거의 대박 신화에서 벗어나고 있습니다.

그러면서도 꾸준히 판매가 되고요.

그렇죠.

대량 생산, 대량 소비의 시대가 이제는 바뀌었다는 말씀이시죠.

김경일

맞습니다. 그게 바로 척도의 변화입니다. 눈금이 좁아지고 있고, 대신 구체적으로 변하고 있구나, 하는 것을 알아차리는 거죠. 우리 사회가 계속 그쪽으로 가고 있습니다.

심지어 마스크도 다양해진다잖아요. 마스크를 통해서 개성을 뽐낸다는 건데요. 다시 정리해볼까요. 행복의 기준, 행복의 척도를 바꿔야 한다. 첫째, 기준부터 바꿔라. 둘째, 그 기준이 바뀌다 보면 내가 더 좋아하는 쪽으로 더 전문화될 수 있다. 사회도 기업도 그쪽으로 변화시켜라.

네, 이미 변하고 있는 것 같습니다.

행복의 척도가 달라지면 기업은 어떻게 달라지는가

두 번째 얘기가 특히 중요해 보입니다. 자본주의사회, 자본주의경제라는 게 기본적으로 남이 하는 걸 따라 하게끔 부추기면서 자꾸 소비를 촉진시키는, 약간의 거품 속에 지탱해온 경제 아닌가요? 그렇다면 앞으로 경제도 바뀌어야 한다는 말씀인가요?

그렇습니다.

사람의 행복의 척도가 바뀜에 따라 경제와 기업 활동도 달라져야 한다.

네. 예전에는 반 친구들이 N사나 P사 운동화를 사면 다 따라 샀어요. 없으면 사회적으로 고립되기 때문입니다. 지금은 달라요. 학교를 가보면 각각 다양한 브랜드의, 다양한 스타일의 신발을 신잖아요.

남이 신은 것과 똑같으면 창피해하기도 하고요.

그러니까 개성을 찾아주고 개성을 성장시켜주는 교육이 중요합니다. 대량 소비로 인해 끊임없이 자연을 파괴하는 자본주의로부터 우리의 후속 세대를 빼내어 같은 자원도 좀 더 효율적으로 배분할 수 있는 지혜를 만들어내는 거죠. 개성을 살리는 게 사실은 굉장히 중요하고 지혜로운 메커니즘입니다.

그러면서도 전문화가 되어야만 가능한 거고요. 이전에는 그냥 '나 이거 좋아', '나 이거 싫어'밖에 없었잖아요.

김경일

그렇죠.

남한테 인정받고자 하는 인정 투쟁이 계속되면 '이겼어', '졌어'밖에 없는데 이제는 아닌 거네요.

남의 인정이라는 게 얼마나 허무하게 사라지는 겁니까?

소확행이라는 단어가 있죠. 작지만 확실한 나의 행복. 이것도 상징적으로 그 말씀이랑 같은 거네요.

소확행이라는 개념과 상당히 겹치기는 합니다. 그런데 사실 소확행이라는 말에 약간의 우려가 있습니다. 뭐냐 하면 오늘만 행복하고 내일은 생각하지 말자는 거냐, 오늘만 행복하면 되니 저축도 하지 말자는 뜻 아니냐, 이렇게 걱정하는 분들도 있거든요.

그렇게만 볼 수 없지 않습니까. 소확행에는 두 측면이 있잖아요.

그 두 가지 측면 중에 이런 우려가 아닌 다른 면을 한 번 볼게요. 작은 자원, 동일한 자원을 가지고도 만족감과 행복감을 극대화할 수 있다는 점에 주목해야 합니다. 최대로 부유한 삶이 아니라 '적정한' 삶을 살 수 있도록 하는 게 가장 중요한데요. 과학자 중에도 최고로 발달한 기술이 중요한 게 아니라, 적정 기술이 중요하다고 말하는 사람들이 있습니다.

그런가요?

적정 기술이 인류에게 가장 행복한 기술이라는 말이 있죠. 적정한 삶과 적정한 기술, 적정한 행복감이 어디인지, 그 접근선을 찾아가는 계기를 우리가 이번에 만난 겁니다.

코로나19로요.

네. 사실 코로나19는 그 계기를 앞당겨준 것뿐입니다. 이전부터 있어왔는데 코로나19가 변화를 앞당긴 거죠.

앞으로의 경쟁력은 '적정한 행복'

지금까지 다양한 석학들과의 대화를 통해서 생태적 삶으로 가야 한다, 무한 욕망 추구가 자본주의의 근간인 한 앞으

김경일

"

    적정 기술이 인류에게 가장 행복한 기술이
라는 말이 있죠. 적정한 삶과 적정한 기술, 적
정한 행복감이 어디인지, 그 점근선을 찾아가
는 계기를 우리가 이번에 만난 겁니다.

"

로 이런 위기는 더 자주 올 것이다, 이런 경고를 많이 들었는데요. 김경일 교수님과 이야기를 나눠보니 좀 더 구체화되는 것 같습니다.

우리 경제도, 우리 기업도 이미 인간의 무한 욕망 추구를 부추겨서는 지탱 불가능하다는 것을 알기 시작했죠. 무한 욕망을 추구하다 보면 한정 없이 자연을 파괴하게 되고, 코로나19와 같은 전염병이 계속 나타날 걸 깨달았는데요. 거기에서 나온 것들이 적정한 삶, 적정 기술 같은 거군요.

자원은 한정되어 있으니까요. 적정한 삶을 누릴 수 있는 문명과 국가, 개인만이 다른 문명 또는 다른 문화와 공존할 수 있겠죠. 공존력을 갖춰야 가장 안전한 개체가 되잖아요. 그러니까 욕망을 끝없이 추구하는 국가나 문화는 반드시 누군가에 의해서 크게 당하고, 역으로 침략받을 가능성이 커지기도 하고요. 그러니 우리를 잘 지킬 수 있는 최대한의 경쟁력이자 무기가 공존력이고 적정한 행복을 추구하는 마음이라고 보면 되겠습니다.

갑작스러운 질문일지 모르지만, 개인과 개인 간의 인정받고자 하는 투쟁에서 벗어나자고 말씀하셨잖습니까. 그런데 이번에 코로나19에 대처하는 모습을 두고 국가 간 비교가 많아지고 있어요. 우리가 선진국이라고 생각해온 나라가 도대체 왜 이래, 이런 얘기를 듣고 있고요. 오히려 우리나라가 선진국 아니야, 하는 얘기도 나오고요. 이런 국가 간의 비교는 어떻게 생각하십니까?

사실 국가 간 비교를 가장 많이 하는 나라가 대한민국이죠. 우리나라예요. 선진국도 결국 인정 투쟁의 산물인데요. 우리나라 기업들이 인정 투쟁에서 벗어나면서 어떤 단어가 사라졌냐 하면 바로 '벤치마킹'입니다. 경쟁력이 있거나 지혜로운 기업들이 자연스럽게 벤치마킹이란 말을 사라지게 만들었어요. 벤치마킹이라는 게 결국 남의 것을 베낀다는 거잖아요. 벤치마킹이 사라졌다는 사실에서 생각해야 할 게 있습니다. 과연 우리 안의 어떤 힘이 우리가 잘 헤쳐 나가도록 만들었는지를 들여다봐야 합니다.

그러니까 다른 나라와 비교해서 사망자가 적은 게 중요한 게 아니라는 겁니다. 우리가 더 잘할 수 있도록 이끌어준 내부 동력에 관심을 기울이는 거죠. 다시 말해 다른 나라보다 무엇을 더 잘했다, 더 못했다 하는 개념이 아니라 우리만이 가진 힘이 무엇인지를 생각하는 게 굉장히 중요한데요. 그러면 자연스럽게 선진국이라는 개념에서 벗어나서 스스로 좋은 나라, 행복한 나라를 규정할 수 있는 거죠. 우리가 무엇을 잘했는지에 대한 논의는 필요하겠지만, 그보다는 우리 안의 힘을 먼저 파악하고 여기에 대한 토론이나 담론을 꺼내야 하지 않을까 생각합니다.

무엇이 우리의 장점인가, 그것을 찾자는 말씀이네요.

심리학자들이 봤을 때 한국은 굉장히 독특한 장점이 많은 나라입니다. 그저 외국 것을 배우거나 외국을 좇는 것 말고 내재된 이런 특이한 장점들을 잘 꺼내와서 우리만의 장점으로 살리는 기회가 됐으면 좋겠습니다.

맞습니다. 어떻게 보면 이제 그 정도는 해야 하는 수준에 온 거잖아요.

다른 나라를 좇는 시기는 지나갔지요.

더 이상 남과 비교하지 말고, 우리 내부의 동력을 잘 찾아보자는 거로군요.

김경일

그럼요. 우리나라 기업들이 스티브 잡스가 사망했을 때 1~2년 동안 슬퍼했습니다. 이제 누구를 따라가야 하냐, 이런 건데요. 어떻게 보면 서글픈 얘기죠. 그런데 그 혼란의 과정을 보내고 난 다음, 우리 장점을 살려보자는 단계에 들어섰거든요. 글로벌 역량이 있는 기업이 됐다면 우리도 이제 그렇게 가야 합니다.

알겠습니다. BTS와 기생충이 이미 보여주었죠. 남 흉내 내는 게 아니고 독창적으로, 스스로의 창조력으로 세계를 제패하고 있지 않습니까?

그렇네요. 맞습니다.

우리 기업도, 그리고 우리나라도 그렇게 가자는 말씀이군요. 적정한 삶이라는 게 추상적으로 쓰면 굉장히 어려운 말 같은데, 교수님 설명을 들으니 명료하게 정리가 됩니다. 사회적으로 강요된 원트가 아닌 각자 좋아하는 것, 라이크 하나하나를 즐기다 보면 전문화도 되고, 작지만 확실한 행복을 느낄 수 있다는 것 아닌가요.

그렇죠. 이제 원거리에 있는 사람과도 내가 좋아하는 걸 공

유하며 가깝게 지낼 수 있는 기술이 있으니까요. 이런 느슨한
관계에서도 적정한 행복을 누릴 수 있는 지혜롭고 효율적인
삶이 되면 좋겠습니다.

김경일

일러두기

이 책은 CBS 라디오의 대표 프로그램 중 하나인 〈시사자키 정관용입니다〉에서 2020년 4월에 진행한 특별기획 '코로나19, 신인류 시대'(연출 손근필 이진성 김지민, 작가 권행란 김현지)를 바탕으로 하였다. CBS의 이번 기획은 분야별 석학들과의 인터뷰를 통해 포스트 코로나 시대에 지향해야 할 새로운 패러다임을 제시한 공을 인정받아 제242회 이달의 PD상 라디오 정규 부문 수상작으로 선정되었다.

책에는 생태학자 최재천부터 인지심리학자 김경일까지 총 여섯 명의 지성과 함께한 대담을 담았는데, 방송에서 미처 하지 못하거나 다소 아쉬웠던 부분들을 추가 질의응답으로 보강하여 독자들에게 선보인다. 여섯 명의 실제 방송은 물론, 책에 싣지 못한 여타의 지식인들 방송까지 다음의 유튜브 채널에서 확인할 수 있다.

유튜브, CBS 〈시사자키 정관용입니다〉

코로나 사피엔스

문명의 대전환, 대한민국 대표 석학 6인이 신인류의 미래를 말한다

초판 1쇄   2020년 6월 10일
초판 12쇄 2020년 7월 21일

지은이 | 최재천 장하준 최재붕 홍기빈 김누리 김경일 정관용
기 획 | CBS 〈시사자키 정관용입니다〉 제작진

발행인 | 문태진
본부장 | 서금선
책임편집 | 이정아   편집 3팀 | 이정아 오민정

기획편집팀 | 김혜연 박은영 김예원 허문선 정다이 송현경   저작권팀 | 박지영
마케팅팀 | 이주형 김혜민 정지연 김은지   디자인팀 | 김현철
경영지원팀 | 노강희 윤현성 정헌준 조샘 김상연
강연팀 | 장진항 조은빛 강유정 신유리

펴낸곳 | ㈜인플루엔셜
출판신고 | 2012년 5월 18일 제300-2012-1043호
주소 | (06040) 서울특별시 강남구 도산대로 156 제이콘텐트리빌딩 7층
전화 | 02)720-1034(기획편집) 02)720-1024(마케팅) 02)720-1042(강연섭외)
팩스 | 02)720-1043   전자우편 | books@influential.co.kr
홈페이지 | www.influential.co.kr

ⓒCBS, 2020

ISBN 979-11-89995-89-8 (03300)